cuisine
réconfort

Du même auteur

La Cuisine des champs, Éditions de l'Homme, 1994 ; *The Wild Food Gourmet,* Firefly Books, 1998

La Cuisine, naturellement, Éditions de l'Homme, 1995

Délices en conserve, Éditions de l'Homme, 1996 ; *Preserving For All Seasons,* Firefly Books, 1999

Le Gourmet au jardin, Guy Saint-Jean Éditeur, 2000

Comfort Food Fast, Firefly Books, 2001

Anne Gardon

cuisine
réconfort

Flammarion
Québec

Données de catalogage avant publication (Canada)

Gardon, Anne
    Cuisine réconfort
    Traduction de: Comfort food fast.
    Comprend un index.
    ISBN 2-89077-238-1
    1. Cuisine rapide. 2. Cuisine. I. Titre.
TX833.5.G3714 2002   641.5'55   C2002-941496-2

Graphisme et mise en page : Olivier Lasser

Titre original : *Comfort Food Fast*
Éditeur original : Firefly Books Ltd.

Tous droits réservés
ISBN 2-89077-238-1
Dépôt légal: 4e trimestre 2002

IMPRIMÉ AU CANADA

Je dédie ce livre, élaboré avec beaucoup de soins et d'amour,
à tous les gourmets friands de cuisine réconfortante
et soucieux de leur santé.

Table des matières

Qu'est-ce que la cuisine réconfortante?

Des plats chaleureux, bien sûr!, des soupes revigorantes, des viandes tendrement mijotées, des desserts rustiques… Mais pour moi, la cuisine réconfortante signifie également des recettes qui me sont familières, des plats qui ont accompagné mon enfance, des saveurs qui font naître en moi d'heureux souvenirs. Vous trouverez donc plusieurs recettes de ma Provence natale dans ces pages.

Enfin, les plats réconfortants suggèrent une cuisine facile à préparer et servie en toute simplicité.

Introduction

Cuisiner dans le confort

Si vous devez passer une heure ou plus à cuisiner, pourquoi ne pas en faire un moment confortable?

Tout d'abord, débarrassez les comptoirs et la surface de travail de tout objet inutile. Lisez la recette en entier. Sortez et mesurez tous les ingrédients.

Si vous avez beaucoup de préparation à faire – peler, couper – asseyez-vous à une table ou sur un tabouret au comptoir. Si vous devez rester longtemps debout aux fourneaux, placez sous vos pieds un petit tapis de mousse ou de caoutchouc. Écoutez votre musique préférée, sirotez un verre de vin, de jus ou une tasse de thé.

Pendant que vous cuisinez, observez la réaction des aliments durant la cuisson, les changements de texture, de couleur. Vous améliorerez ainsi votre art culinaire.

En d'autres termes, faites de la cuisine une activité plaisante.

Les ingrédients

Choisissez toujours le meilleur, ce qui ne veut pas nécessairement dire le plus cher. Pour ma part, j'achète des aliments biologiques, dans la mesure du possible, pour ma santé mais aussi pour encourager ce type d'agriculture naturel.

De nos jours, nous pouvons acheter des fruits et des légumes du monde entier, des poissons de toutes les mers, de la viande inusitée (autruche, bison…) et des fraises en février. Je limite, malgré tout, l'emploi d'ingrédients exotiques dans mes recettes, comme je refuse d'acheter des fraises en février.

Les goûts ne se discutent pas. Vous aimez peut-être les endives cuites – que je déteste avec passion –, alors que les panais vous indiffèrent (moi, j'adore!). C'est dans ce but que j'ai inclus une ou plusieurs variantes à certaines recettes, dont des versions sans viande pour les végétariens de votre famille.

Les outils du métier

J'avoue ne pas avoir la dextérité et la rapidité d'un chef professionnel. Pour m'aider dans mes tâches culinaires, j'utilise donc volontiers des appareils électroménagers. Voici mes préférés :

- Robot KitchenAid^MD. Bien que je m'en serve rarement, c'est lui qui fait le travail le plus ardu, comme battre les blancs d'œufs en neige ou pétrir la pâte à pain. Un robot culinaire peut accomplir les mêmes tâches.
- Robot culinaire. Idéal pour faire de la pâte à tarte ou à pizza, des nouilles, des desserts, pour hacher ou réduire en purée. Essentiel !
- Mélangeur. Essentiel aussi si vous aimez les soupes crémeuses, les boissons frappées, les vinaigrettes homogènes et faire votre propre mayonnaise.
- Batteur électrique. Important pour battre les blancs d'œufs, si vous n'avez pas de KitchenAid^MD.
- Batteur à immersion. Remplace adéquatement le mélangeur pour crémer les soupes, faire des boissons mousseuses.
- Moulin à épices (*mini-chop*). Mon accessoire préféré pour réduire des herbes ou des épices en poudre. À défaut, vous pouvez utiliser un moulin à café, réservé pour cette fonction.

L'autocuiseur (marmite à pression) est un autre outil que je considère indispensable. En fait, si j'avais à choisir entre mon micro-ondes et mon autocuiseur, je choisirais ce dernier. L'autocuiseur réduit énormément le temps de cuisson, préserve une grande partie des nutriments et conserve à la viande tout son moelleux. Il est imbattable quand le besoin de réconfort se fait pressant.

Batterie de cuisine

Outre des casseroles et des poêles de différentes grandeurs – celles en titane sont fabuleuses –, j'utilise un chaudron en fonte émaillée pour les plats mijotés. Sa grande taille me permet de cuire huit portions – ou plus – de poulet chasseur pour la congélation. Pour de plus petites portions – maximum quatre –, j'utilise des plats en céramique (Corning), aussi pratiques que beaux.

Du réconfort dans le congélateur

Le congélateur est une source de plaisirs gustatifs à longueur d'année.

Un congélateur pour une ou deux personnes? Si vous recevez souvent, si vous n'avez pas le temps de cuisiner pendant la semaine, mais aimez les marathons de popote durant les week-ends pluvieux, enfin et surtout si vous aimez bien manger, pourquoi pas!

Mon congélateur sert deux fonctions : celle de garde-manger et celle de traiteur.

Comme garde-manger, il conserve des légumes et des fruits ainsi que des sauces, des fonds de tarte, des crêpes… qui me permettent de préparer un repas en quelques minutes.

Comme traiteur, il renferme une variété de plats mijotés qu'il me suffit de réchauffer pour faire un festin de reine, à la maison comme au bureau.

Le congélateur m'épargne du temps, et aussi de l'argent, en me permettant d'acheter en quantité les produits de saison ainsi que de préserver les récoltes de mon potager.

Mon congélateur? Un vrai coffre à trésors culinaires.

Au sujet des photos dans ce livre

Les photos qui illustrent les recettes ont été prises – par moi, eh oui! – dans ma cuisine et dans ma salle à manger. Chaque plat a été préparé en suivant scrupuleusement la recette et photographié tel quel, sans artifice, sans addition de substance étrangère (pour colorer ou faire briller, par exemple). Certes, j'ai pris soin d'arranger les aliments de façon plaisante et j'ai recherché l'angle le plus photogénique mais je n'ai pas « triché », comme c'est souvent le cas dans les photos de cuisine. Et après la session de photographie, j'ai dégusté mon « sujet ».

Voilà, vous connaissez tous mes secrets. Il ne me reste plus qu'à vous souhaiter autant de plaisir à savourer mes recettes que j'ai eu à les préparer.
Bon appétit !

Scones écossais, page 180

HORS-D'ŒUVRE ET ENTRÉES

SALADE DE MORUE SALÉE, POMMES DE TERRE ET ANETH 17

SALADE DE HARICOTS NOIRS À LA CORIANDRE 18

BEIGNETS DE MAÏS 21

STRUDEL AUX CHAMPIGNONS 22

Pâte filo 24

AUMÔNIÈRES 25

TARTE POUR LES AMIS VÉGÉTARIENS 25

PÂTE À CHOUX 26

GOUGÈRE NIÇOISE 28

PÂTE DE TOMATE ET BASILIC 30

PIZZA MINUTE 33

SANDWICH À L'AVOCAT 33

Pâte filo farcie, page 24

SALADE DE MORUE SALÉE, POMMES DE TERRE ET ANETH

4 portions

Cette salade tiède fait une entrée copieuse ou un repas léger, hiver comme été.

500 g	de morue salée	1 lb
4	grosses pommes de terre	4
125 ml	d'huile d'olive	1/2 tasse
	sel, poivre	
125 ml	d'aneth haché	1/2 tasse

Faites tremper la morue dans de l'eau froide 12 heures ou plus en changeant l'eau 2 ou 3 fois. Égouttez et placez la morue dans une casserole, recouvrez d'eau froide et amenez l'eau à la limite de l'ébullition. Faites pocher dans l'eau frémissante pendant 5 minutes. Égouttez et effeuillez la morue avec une fourchette. Réservez.

Faites cuire les pommes de terre – sans les peler – dans de l'eau salée jusqu'à ce qu'elles soient cuites. Pelez et coupez en tranches.

Faites chauffer la moitié de l'huile d'olive dans une poêle, ajoutez les pommes de terre, salez et poivrez. Faites rissoler à feu moyen en retournant les tranches jusqu'à ce qu'elles soient dorées des deux côtés. Retirez de la poêle avec une écumoire et réservez.

Ajoutez le reste de l'huile et faites rissoler la morue pendant 2-3 minutes, jusqu'à ce qu'elle soit légèrement croustillante.

Pour servir, combinez les pommes de terre, la morue et l'aneth, ou disposez les tranches de pommes de terre en cercle dans les assiettes de service, couronnez avec la morue et parsemez d'aneth.

Servez tiède.

SALADE DE HARICOTS NOIRS À LA CORIANDRE

4 à 6 portions

Savoureuse et nutritive, cette salade est à elle seule un repas complet, hiver comme été.

30 ml	d'huile d'olive	2 c. à soupe
2	poivrons rouges en cubes	2
1	courgette verte ou jaune en cubes	1
2	boîtes (540 ml/19 oz) de haricots noirs	2
2	oignons verts émincés	2
125 ml	de coriandre hachée	1/2 tasse
1	limette (zeste et jus)	1
	sel, poivre	
	Tabasco	

Faites chauffer l'huile dans une poêle et faites revenir les poivrons à feu vif jusqu'à ce que la peau commence à brunir. Retirez avec une écumoire et réservez.

Faites revenir les courgettes à feu moyen pendant 2-3 minutes. Couvrez et retirez la poêle du feu. Laissez étuver 5 minutes.

Pendant ce temps, égouttez et rincez les haricots noirs. Dans un grand bol, combinez tous les ingrédients, salez, poivrez et ajoutez quelques gouttes de Tabasco. Mélangez délicatement et laissez reposer 1 à 2 heures (ou même toute une nuit) avant de servir.

BEIGNETS DE MAÏS

Prêts en quelques minutes, les beignets font un repas rapide et léger. Bien qu'on les cuise habituellement à grande friture, je préfère les frire dans une poêle antiadhésive avec très peu d'huile, pour éviter l'odeur de friture dans la maison.

250 ml	de maïs en grains, frais, en boîte ou décongelé	1 tasse
2	œufs, jaunes et blancs séparés	2
30 ml	de farine	2 c. à soupe
	sel, poivre	
	huile d'olive	
	sel en cristaux (facultatif)	
	fines herbes hachées (thym, marjolaine, basilic)	

Dans un bol, mélangez le maïs, les jaunes d'œufs et la farine. Salez, poivrez.

Battez les blancs d'œufs jusqu'à ce qu'ils forment des pics mous et incorporez-les délicatement au mélange précédent.

Faites chauffer un peu d'huile dans une poêle antiadhésive. À l'aide d'une cuillère à soupe, versez des petites quantités de la préparation et faites frire à feu moyen, environ 1 minute de chaque côté, jusqu'à ce que les beignets soient dorés. Retirez avec une écumoire et égouttez sur des essuie-tout. Saupoudrez de sel et de fines herbes.

Variante: remplacez le maïs par des carottes râpées, ajoutez 30 ml (2 c. à soupe) de crème épaisse ou de yogourt.

STRUDEL AUX CHAMPIGNONS

4 portions

Ce strudel léger et savoureux peut être préparé à l'avance et congelé, cru ou partiellement cuit. Il n'est pas nécessaire de le décongeler avant de le faire cuire.

15 ml	d'huile d'olive	1 c. à soupe
500 ml	de champignons en tranches	2 tasses
500 ml	de blancs de poireaux émincés	2 tasses
125 ml	de fromage : ricotta, cottage ou chèvre crémeux	1/2 tasse
1	œuf	1
	sel, poivre	
5 ml	d'herbes séchées au choix	1 c. à thé
5 ml	de chapelure	1 c. à thé
5 ml	de persil haché	1 c. à thé
4	feuilles de pâte filo	4

Chauffez l'huile dans une poêle et faites revenir les champignons à feu moyen jusqu'à ce qu'ils soient dorés. Retirez-les avec une écumoire et réservez.

Ajoutez un peu d'huile si nécessaire et faites revenir les poireaux 5 minutes jusqu'à ce qu'ils soient ramollis.

Dans un bol, combinez les champignons, les poireaux, le fromage et l'œuf. Assaisonnez et mélangez bien.

Combinez les herbes, la chapelure et le persil.

Préchauffez le four à 200 °C (400 °F).

Travaillez avec une seule feuille de pâte filo à la fois, en gardant les autres feuilles sous un linge humide pour les empêcher de sécher.

Étalez une feuille, badigeonnez-la avec l'huile d'olive et parsemez le quart du mélange d'herbes et de chapelure. Placez une autre feuille dessus et badigeonnez-la d'huile. Disposez la moitié de la farce sur le bord étroit des feuilles, en laissant 2 cm (3/4 po) sur

chaque bord. Roulez une fois, repliez les bords à l'intérieur et roulez jusqu'au bout. Placez sur une plaque à biscuits légèrement huilée.

Préparez un autre strudel de la même façon.

Badigeonnez le dessus des strudels d'huile et saupoudrez du mélange herbes-chapelure. Placez au centre du four et baissez la température à 190 °C (375 °F). Faites cuire pendant 25 minutes. Laissez refroidir légèrement avant de couper chaque rouleau en deux. Servez avec de la salsa, du ketchup maison ou une sauce de votre choix.

Pâte filo

Je conserve toujours un paquet de pâte filo dans mon congélateur. J'en fais des strudels, des aumônières, des tartes salées ou sucrées.

Lorsque je fais des rouleaux – mes favoris sont farcis au chou frisé, au fromage feta et à l'estragon –, j'en prépare toujours une douzaine ou plus et je congèle ce que je ne consomme pas immédiatement. Pour un repas léger, il me suffit d'en cuire un ou deux au four à 200 °C (400 °F) pendant 25 minutes. Si vous congelez des préparations à base de pâte filo, consommez-les dans les trois ou quatre semaines qui suivent, car la pâte sèche rapidement. Chaque paquet de pâte filo contient une bonne soixantaine de feuilles et elles doivent être décongelées entièrement avant d'être manipulées. Cela ne signifie pas que vous devez utiliser tout le paquet à la fois. Bien enveloppée, la pâte filo peut être congelée à nouveau et dé-congelée jusqu'à trois fois avant de devenir trop sèche et friable pour être utilisable.

AUMÔNIÈRES

Une aumônière est une petite bourse que l'on portait autrefois à la ceinture. En cuisine, les aumônières sont de petits paquets que l'on peut farcir avec des légumes (voir strudel aux champignons, page 22), de la viande (poulet, lapin, dinde) ou des fruits de mer, et qui font une entrée fort élégante.

Étalez une feuille de pâte filo, badigeonnez-la d'huile d'olive et saupoudrez d'herbes séchées. Placez une autre feuille dessus et coupez en croix pour obtenir 4 carrés. Placez 2 à 3 grosses cuillerées de farce (précuite) au milieu de chaque carré. Remontez les bords et pincez légèrement pour obtenir des petites bourses. Placez sur une plaque à biscuits et faire cuire au four à 190 °C (375 °F) pendant 15 minutes jusqu'à ce que la pâte soit dorée.

TARTE POUR LES AMIS VÉGÉTARIENS

4 à 6 portions

Étalez une feuille de pâte filo, badigeonnez-la d'huile d'olive, saupoudrez d'un mélange de chapelure et d'herbes (voir strudel aux champignons, page 22). Répétez trois fois. Placez la pâte dans un moule rond ou rectangulaire. Garnissez de caponata (page 90), saupoudrez de parmesan râpé et faites cuire au four à 190 °C (375 °F) pendant 20 minutes. Servez tiède.

Note : pour une version sucrée, voir la tarte aux pommes express (page 158).

PÂTE À CHOUX

Environ 3 douzaines de choux

Aussi pratiques que les crêpes quant à leurs usages variés, ces choux se congèlent bien et n'attendent que votre inspiration pour se transformer en profiteroles affriolantes ou en entrée santé.

500 ml	d'eau	2 tasses
125 ml	de beurre doux	1/2 tasse
5 ml	de sel	1 c. à thé
500 ml	de farine	2 tasses
8	œufs, plus 1 jaune d'œuf (facultatif) pour dorer	8 plus 1

Dans une grande casserole, combinez l'eau, le beurre et le sel. Portez à ébullition puis ajoutez la farine d'un coup. Mélangez avec une cuillère en bois, jusqu'à ce que le mélange se détache des parois. Retirez du feu et ajoutez les œufs un à un en mélangeant bien entre chaque addition. Utilisez un batteur électrique pour faciliter cette opération « musclée ». Travaillez la pâte jusqu'à ce qu'elle soit lisse et élastique.

Préchauffez le four à 190 °C (375 °F).

Déposez des cuillerées de pâte sur une plaque à biscuits huilée, badigeonnez-les de jaune d'œuf pour obtenir un fini lustré, si vous le souhaitez, et faites cuire au four pendant 35 à 40 minutes. Avec un couteau pointu, percez chaque chou pour permettre à la vapeur de s'échapper et laissez les choux refroidir dans le four éteint, la porte ouverte.

Les choux peuvent être congelés à ce stade, dans des contenants en plastique rigide et séparés par des feuilles de papier ciré. Réchauffez au four préchauffé à 180 °C (350 °F) pendant 10 minutes (sans les avoir décongelés).

GOUGÈRE NIÇOISE

4 à 6 portions

Une gougère est une couronne de pâte à choux additionnée de fromage. En Bourgogne, la gougère accompagne traditionnellement les dégustations de vins en cave.

Pâte à choux

250 ml	d'eau	1 tasse
60 ml	de beurre doux	1/4 tasse
15 ml	de sel	1 c. à soupe
250 ml	de farine	1 tasse
4	œufs, plus 1 jaune d'œuf	4 plus 1
250 ml	de fromage râpé : gruyère, emmenthal, cheddar	1 tasse

Garniture

30 ml	d'huile d'olive	2 c. à soupe
1	oignon émincé	1
1	poivron rouge ou jaune en bâtonnets	1
1	petite aubergine en bâtonnets	1
4	tomates bien mûres pelées, épépinées et hachées grossièrement	4
	sel, poivre	
60 ml	de basilic haché	1/4 tasse
	huile d'olive	

Dans une casserole, combinez l'eau, le beurre et le sel. Portez à ébullition et ajoutez la farine d'un coup. Mélangez bien avec une cuillère en bois jusqu'à ce que la préparation se détache des parois. Retirez du feu et incorporez les œufs un à un, en battant vigoureusement (utilisez un batteur électrique) jusqu'à ce que la pâte soit lisse et élastique. Ajoutez le fromage et mélangez bien.

Disposez des cuillerées de pâte sur une plaque à biscuits huilée, pour former un grand

cercle ou 4 petits. Badigeonnez le dessus de jaune d'œuf battu avec un peu d'eau et faites cuire au four préchauffé à 190 °C (375 °F) pendant 35 à 40 minutes. Percez la gougère à plusieurs endroits avec un couteau pointu pour laisser échapper la vapeur. Laissez tiédir dans le four éteint, la porte ouverte.

Préparez la garniture pendant que la gougère cuit. Faites chauffer l'huile d'olive dans une poêle et faites revenir les oignons pendant 2 minutes, jusqu'à ce qu'ils soient transparents. Ajoutez le poivron et poursuivez la cuisson 1 minute. Ajoutez l'aubergine et les tomates. Assaisonnez, couvrez et laissez mijoter à feu doux, 15 à 20 minutes.

Disposez la garniture au centre de la gougère, parsemez de basilic et arrosez d'un filet d'huile d'olive.

PÂTE DE TOMATE ET BASILIC

Je prépare une grande quantité de cette pâte lorsque les tomates et le basilic sont en saison… et je regrette toujours de ne pas en avoir fait plus, car les utilisations sont infinies.

Choisissez des tomates mûres mais encore fermes. Les tomates italiennes sont idéales mais toute tomate à chair ferme convient. Coupez les tomates italiennes en deux ou les tomates rondes en quartiers et placez-les, peau en dessous, sur une plaque à biscuits couverte d'un papier aluminium, pour éviter que l'acidité des tomates corrode le métal.

Saupoudrez de sel et faites cuire au four à 150 °C (300 °F) pendant 4 heures, jusqu'à ce que les tomates soient ratatinées mais pas desséchées.

Remplissez sans presser le bol d'un robot culinaire avec des feuilles de basilic et hachez en procédant par intermittence. Ajoutez assez de tomates pour remplir le bol à moitié et réduisez en purée, en procédant toujours par intermittence, et en ajoutant assez d'huile d'olive pour former une pâte. Salez et poivrez.

Pour congeler, couvrez l'intérieur de ramequins ou de petites tasses avec une pellicule plastique et remplissez-les de pâte. Repliez la pellicule sur le dessus et faites congeler. Démoulez et placez les portions dans un sac de plastique. Fermez hermétiquement en enlevant l'air avec une paille et placez au congélateur. Se conserve jusqu'à 6 mois.

PIZZA MINUTE

Étalez une couche épaisse de pâte de tomate et basilic (page 30) sur un pain pita. Garnissez de pepperoni, jambon, champignons, cœurs d'artichauts… ou de ce que vous souhaitez. Couvrez de fromage mozzarella râpé et de fines herbes. Déposez la pizza sur une plaque à biscuits et faites cuire au four à 190 °C (375 °F) pendant 20 minutes, jusqu'à ce que le fromage soit fondu.

SANDWICH À L'AVOCAT

Coupez un morceau de baguette (23 cm/9 po) dans la longueur et tartinez-le généreusement de pâte de tomate et basilic (page 30). Garnissez de tranches d'avocat, salez, poivrez et arrosez d'huile d'olive. Vous pouvez également ajouter de la laitue, des tranches de tomate et de concombre.

SOUPES

Potage crémeux, page 40

TOURIN À L'AIL

Ce potage léger et ultra-rapide est un remède efficace contre le rhume et la grippe. Pour augmenter son effet thérapeutique, doublez – ou triplez si vous osez – la quantité d'ail. Mais, surtout, ne planifiez pas un rendez-vous galant pour le lendemain.

45 ml	d'huile d'olive	3 c. à soupe
4	gousses d'ail émincées	4
1 l	de bouillon de poulet	4 tasses
	croûtons	
	parmesan râpé	

Dans une grande casserole, chauffez l'huile et faites revenir l'ail à feu moyen, quelques secondes seulement. Il ne doit pas brunir ou il sera amer. Ajoutez le bouillon et portez à ébullition. Réduisez à feu moyen et faites cuire 5 minutes.

Servez, garni de croûtons et de parmesan. Ou faites griller du pain croûté, disposez les tranches dans le fond des bols, parsemez de cheddar ou de gruyère râpé et versez le potage dessus.

Variantes:

- *Battez deux œufs avec une fourchette et versez dans la soupe. Faites cuire à feu doux, en remuant doucement, jusqu'à ce que les œufs forment des filaments.*
- *Garnissez chaque bol d'un œuf poché.*
- *Pour une touche de couleur, ajoutez 2 tomates pelées, épépinées et hachées.*

POTAGE DE PANAIS ET POIRES AU CARI

4 portions

Riches en potassium et en vitamines, les panais sont crémeux et sucrés. J'adore ce légume et je l'utilise dans une multitude de recettes, de la soupe au dessert.

30 ml	de beurre	2 c. à soupe
1	gros oignon émincé	1
15 ml	de cari*	1 c. à soupe
750 ml	de bouillon de poulet	3 tasses
250 ml	de panais en morceaux	1 tasse
1	poire pelée et hachée	1
	sel, poivre	

Faites fondre le beurre dans une grande casserole et faites revenir l'oignon à feu moyen jusqu'à ce qu'il soit transparent, environ 1 minute.

Saupoudrez de cari, mélangez et faites revenir 30 secondes. Ajoutez le reste des ingrédients, sauf la poire. Salez, poivrez, couvrez et laissez mijoter 20 minutes, jusqu'à ce que les panais soient cuits.

Versez le tout dans le bol d'un mélangeur, ajoutez la poire et réduisez en crème à haute vitesse. Salez, poivrez. Réchauffez quelques secondes si nécessaire et servez.

* La quantité de poudre de cari peut varier selon vos goûts et selon le type de cari que vous utilisez.

VARIATIONS SUR UN POTAGE CRÉMEUX

4 portions

Je prépare toute une gamme de soupes crémeuses, en utilisant les ingrédients que j'ai sous la main. Parfois, je combine deux ou trois légumes, parfois j'en associe un seul avec des fines herbes ou des épices. Voici les mariages les plus réussis.

- carottes et panais
- patates douces et céleri-rave
- courge musquée (butternut) et gingembre
- carottes et cumin

Dans une grande casserole, faites revenir un oignon émincé dans un peu d'huile, ajoutez 500 ml (2 tasses) ou plus de légumes en cubes, 3 à 4 tasses de bouillon de poulet et faites cuire jusqu'à ce que les légumes soient tendres. Réduisez en crème au mélangeur ou en utilisant un batteur à immersion.

Si la soupe est trop épaisse, diluez-la avec du lait ou de la crème légère. Si elle est trop liquide, faites réduire à feu moyen jusqu'à bonne consistance.

POTAGE AUX MARRONS

4 portions

Les marrons – en fait ce sont des châtaignes – sont très nutritifs et énergétiques, idéals pour l'hiver. Vous pouvez les acheter frais durant l'automne, en boîte – attention de bien choisir des marrons à l'eau et non au sirop – ou sous vide le reste de l'année. Délicieux braisés avec des choux de Bruxelles ou sautés au beurre et servis en accompagnement pour le gibier, les marrons ont également leur place dans les farces pour volaille (dinde, oie) et pour faire ce délicieux potage.

30 ml	d'huile	2 c. à soupe
1	oignon émincé	1
1	branche de céleri haché	1
1	pomme de terre en cubes	1
500 ml	de bouillon de poulet	2 tasses
1	boîte (284 ml/10 oz) de marrons à l'eau	1
	sel, poivre	
	crème 35 %	

Dans une grande casserole, faites chauffer l'huile et faites revenir l'oignon 1 minute, jusqu'à ce qu'il soit transparent. Ajoutez le céleri, la pomme de terre et le bouillon de poulet. Portez à ébullition puis baissez le feu et laissez mijoter 20 minutes.

Ajoutez les marrons et leur eau de trempage et réduisez le tout en crème au mélangeur ou à l'aide d'un batteur à immersion. Salez, poivrez et laissez mijoter 5 minutes.

Servez avec un filet de crème.

CRÈME DE TOPINAMBOURS ET CHEDDAR

4 portions

500 ml	d'eau	2 tasses
5 ml	de sel	1 c. à thé
500 ml	de topinambours pelés et coupés en morceaux (environ 500 g/1 lb)	2 tasses
30 ml	de beurre	2 c. à soupe
30 ml	de farine	2 c. à soupe
250 ml	de lait	1 tasse
250 ml	de cheddar râpé	1 tasse
	sel, poivre	

Portez l'eau et le sel à ébullition. Ajoutez les topinambours et faites-les cuire jusqu'à ce qu'ils soient tendres, environ 10 minutes. Égouttez mais gardez l'eau de cuisson.

Dans une casserole, faites fondre le beurre, saupoudrez de farine et faites revenir à feu moyen pendant 1 minute en remuant, jusqu'à ce que le mélange soit doré et mousseux. Ajoutez le lait et l'eau de cuisson des topinambours. Laissez épaissir à feu moyen en remuant environ 5 minutes.

Combinez la sauce ainsi obtenue et les topinambours dans le bol d'un mélangeur et réduisez en crème à haute vitesse. Retournez le potage dans la casserole, ajoutez le fromage et faites fondre à feu doux en remuant. Salez, poivrez et servez bien chaud.

Topinambours

Ils sont parfois vendus sous le nom d'artichauts de Jérusalem, une traduction du nom anglais *Jerusalem artichoke*. Ils sont biscornus et noduleux, comme un croisement entre une pomme de terre et une racine de gingembre, bruns ou violets selon la variété. Et en théorie, ils devraient être notre légume national puisqu'ils sont originaires d'Amérique du Nord et poussent même à l'état sauvage dans certaines parties des Cantons de l'Est.

Pourtant les topinambours sont quasiment inconnus ici. En France par contre, parlez de topinambours et vous risquez de vous attirer le mauvais œil, car ils illustrent les privations de la dernière guerre. Les topinambours et les rutabagas étaient alors les seuls légumes disponibles, ce qui n'a pas aidé à les rendre populaires.

En cuisine, les topinambours peuvent être utilisés crus ou cuits. Râpés crus et assaisonnés, ils font une délicieuse entrée fraîche. Coupés en tranches minces et rissolés avec des herbes, ils font une salade tiède ou un accompagnement de viande savoureux. On peut aussi en faire des gratins, des purées et des soupes.

SOUPE DE LENTILLES

4 portions

Je fais tremper les lentilles – et toute autre légumineuse – dans de l'eau, pendant deux jours au moins, afin qu'elles germent. La germination rend les légumineuses plus digestes et plus nutritives, tout en réduisant leur temps de cuisson.

250 ml	de lentilles sèches	1 tasse
30 ml	d'huile d'olive	2 c. à soupe
1	oignon émincé	1
1	blanc de poireau émincé	1
1	branche de céleri émincé	1
1	carotte en cubes	1
2	gousses d'ail écrasées	2
1	feuille de laurier	1
1 l	de bouillon de poulet	4 tasses
	sel, poivre, huile d'olive	
	persil haché (facultatif)	

Faites tremper les lentilles dans de l'eau froide pendant 24 heures ou plus, en changeant l'eau deux fois par jour. Égouttez et rincez.

Dans une grande casserole, faites chauffer l'huile et faites revenir l'oignon et le poireau, 3 minutes, en remuant.

Ajoutez le reste des ingrédients, salez et poivrez. Portez à ébullition puis faites mijoter à feu moyen et à couvert jusqu'à ce que les lentilles soient cuites, environ 45 minutes (10 minutes à l'autocuiseur). Arrosez d'un filet d'huile d'olive et parsemez de persil haché, si vous le souhaitez, avant de servir.

Variante: les lentilles peuvent être remplacées par d'autres légumineuses. Pour un réconfort rapide, utilisez des lentilles ou des haricots en boîte. Faites cuire les légumes dans le bouillon, ajoutez les lentilles égouttées et réchauffez quelques minutes.

CRÈME DE HARICOTS BLANCS À LA SARRIETTE

2 à 3 portions

Bien que je préfère, en général, utiliser des haricots secs – moins chers – mon garde-manger contient toujours quelques boîtes de légumineuses (haricots rouges, blancs, noirs, pois chiches, flageolets, lentilles…) pour apprêter des soupes et des salades express.

30 ml	d'huile d'olive	2 c. à soupe
1	oignon émincé	1
1	boîte de haricots blancs (540 ml/19 oz)	1
500 ml	de bouillon de poulet	2 tasses
30 ml	de sarriette d'été fraîche ou 15 ml (1 c. à soupe) séchée	2 c. à soupe
	sel, poivre	
	croûtons (facultatif)	

Dans une casserole, faites chauffer l'huile d'olive et faites revenir l'oignon jusqu'à ce qu'il soit transparent, environ 1 minute.

Ajoutez les haricots égouttés, le bouillon et la sarriette. Salez, poivrez et faites cuire à feu moyen pendant 15 minutes. Réduisez en crème au mélangeur ou avec un batteur à immersion. Si vous le souhaitez, servez garni de croûtons.

SOUPE DU GARDE-MANGER

6 à 8 portions

Une soupe savoureuse qui se congèle bien et que je prépare avec ce que j'ai sous la main. La base demeure la même, peu importe les ingrédients. Pour un coup d'œil appétissant, choisissez des légumes de différentes couleurs.

1	oignon émincé	1
30 ml	d'huile	2 c. à soupe
2	saucisses chorizo	2
250 ml	de courge musquée (butternut) en cubes	1 tasse
2	blancs de poireaux émincés	2
1	patate douce en cubes	1
250 ml	d'épinards ou de chou frisé cuits hachés	1 tasse
1	boîte (540 ml/19 oz) de haricots à œil noir (doliques)	1
1	boîte (341 ml/12 oz) de maïs en grains	1
1	boîte (284 ml/10 oz) de bouillon de bœuf	1
500 ml	de tomates étuvées et hachées grossièrement	2 tasses
750 ml	d'eau	3 tasses
1	piment chili égrainé haché	1
250 ml	d'orzo*	1 tasse
	sel, poivre	
125 ml	de coriandre hachée	1/2 tasse

Dans un grand faitout, faites revenir l'oignon dans l'huile chaude jusqu'à ce qu'il soit transparent, 1 minute environ. Ajoutez le reste des ingrédients sauf l'orzo. Salez, poivrez, portez à ébullition, puis laissez mijoter pendant 20 minutes. Ajoutez l'orzo et poursuivez la cuisson jusqu'à ce que les pâtes soient cuites.

Servez parsemé du hachis de coriandre.

Les variantes de cette soupe sont illimitées. Vous pouvez remplacer l'orzo par du riz, utiliser une autre sorte de saucisse ou ne pas en mettre du tout, ajouter du céleri, des petits pois… tout ce qui vous semble approprié.

* **L'orzo est une pâte en forme de riz disponible dans les épiceries italiennes.**

BORSCHT

Cette soupe se congèle bien et vous réconfortera au cœur de l'hiver.

45 ml	d'huile	3 c. à soupe
5	oignons émincés	5
5	betteraves pelées en cubes	5
5	pommes de terre en cubes	5
400 g	de jarret de porc fumé	14 oz
150 g	de saucisse polonaise (kolbasa)	5 oz
1 l	de chou rouge émincé	4 tasses
2	carottes en rondelles	2
1,5 l	d'eau	6 tasses
15 ml	de graines de cumin écrasées au mortier	1 c. à soupe
4	clous de girofle	4
5 ml	de piment de la Jamaïque	1 c. à thé
1	anis étoilé	1
	sel, poivre	

Dans un grand faitout ou un autocuiseur, faites chauffer l'huile et faites revenir les oignons à feu moyen jusqu'à ce qu'ils soient transparents. Ajoutez le reste des ingrédients, salez et poivrez. Portez à ébullition puis réduisez le feu et laissez mijoter 1 heure 30, jusqu'à ce que les légumes soient tendres (20 minutes à l'autocuiseur).

SOBRONADE

Cette soupe est une spécialité du Périgord. Servez-la avec de la focaccia (page 136) et une salade verte pour un repas complet. Pour diminuer le temps de préparation, utilisez des haricots en boîte à la place des haricots secs. Vous pouvez également varier les légumes mais conservez le céleri-rave, car il confère à cette soupe une saveur incomparable.

250 ml	de haricots blancs secs	1 tasse
15 ml	d'huile	1 c. à soupe
4	tranches de bacon en fines lanières	4
250 ml	de jambon ou de porc fumé en cubes	1 tasse
1	céleri-rave pelé en cubes	1
2	oignons hachés grossièrement	2
2	pommes de terre en cubes	2
4	carottes en rondelles	4
3	gousses d'ail hachées	3
15 ml	d'herbes de Provence	1 c. à soupe
1,5 l	d'eau	6 tasses
	sel	

Faites tremper les haricots 12 à 24 heures, en changeant l'eau deux fois par jour. Égouttez et rincez.

Dans un grand faitout ou un autocuiseur, faites chauffer l'huile et faites revenir le bacon 1 minute. Ajoutez le jambon et faites revenir 2 minutes. Ajoutez le reste des ingrédients et salez. Portez à ébullition puis laissez mijoter à feu doux 1 heure (20 minutes à l'autocuiseur).

Si vous utilisez des haricots en boîte, ajoutez-les 15 minutes avant la fin de la cuisson.

PÂTES ET CÉRÉALES

Fettuccinis à la Gigi, page 58

FETTUCCINIS À LA GIGI

Gigi est l'amie qui m'a donné cette recette. Le nom n'est pas une marque déposée cependant et vous pouvez appeler la recette comme vous voulez. C'est un plat idéal pour l'été quand les petits pois et le basilic abondent.

8	tranches de prosciutto ou 4 tranches de jambon fumé	8
250 ml	de petits pois frais ou congelés	1 tasse
15 ml	de sucre	1 c. à soupe
30 ml	d'huile d'olive	2. c. à soupe
1	gousse d'ail émincée	1
250 ml	de tomates pelées, épépinées et hachées grossièrement	1 tasse
	sel, poivre	
15 ml	de pesto (facultatif)	1 c. à soupe
	fettuccinis pour 4 portions	
	parmesan râpé	

Coupez le prosciutto ou le jambon en lanières. Faites cuire les petits pois dans de l'eau bouillante salée et additionnée de sucre, pendant 2 minutes environ. Ils devraient rester fermes et croquants. Égouttez et réservez.

Dans une poêle profonde, faites chauffer l'huile et faites revenir l'ail à feu moyen 1 minute. Ajoutez le prosciutto, les pois et les tomates. Salez et poivrez. Portez à ébullition puis laissez mijoter à découvert jusqu'à ce que la sauce épaississe, environ 5 minutes. Incorporez le pesto (facultatif).

Pendant que la sauce mijote, faites cuire les fettuccinis dans de l'eau bouillante salée. Égouttez et combinez avec la sauce. Servez garni de fromage râpé.

Pâtes maison Recette de base pour 2 portions

Il suffit de multiplier la recette pour obtenir la quantité désirée : 1 œuf (gros) et 15 ml (1 c. à soupe) d'huile pour 250 ml (1 tasse) de farine avec du sel et assez d'eau froide (30 ml/2 c. à soupe pour commencer) afin de former une pâte assez ferme (voir les fettuccinis à l'estragon pour la méthode, page 61). La quantité d'eau varie selon le type de farine et son humidité.

La meilleure farine est la farine italienne, à base de blé dur. Mais, à défaut, vous pouvez utiliser de la farine tout usage. Pour des pâtes colorées, remplacez l'eau par des légumes en purée : courges, carottes, épinards… Vous pouvez également incorporer à la pâte des fines herbes hachées (voir recette suivante).

FETTUCCINIS À L'ESTRAGON

4 portions

L'estragon est une herbe vivace au feuillage délicat. Le mien pousse dans une plate-bande en compagnie de ciboulette et de marguerites jaunes (rudbeckias). Je récolte les pousses tout au long de la belle saison et j'en congèle une partie.

Pour congeler, récoltez les pousses tendres le matin ou le soir. Lavez, au besoin, et séchez soigneusement. Ôtez les branches dures et placez dans un sac à congélation. Se conserve 6 mois et plus.

500 ml	de farine	2 tasses
5 ml	de sel	1 c. à thé
60 ml	d'estragon haché	1/4 tasse
2	gros œufs	2
30 ml	d'huile d'olive	2 c. à soupe
60 ml	d'eau froide et plus	4 c. à soupe

À la main : combinez la farine, le sel et l'estragon dans un grand bol. Dans un autre bol battez ensemble les œufs, l'huile et 30 ml (2 c. à soupe) d'eau froide. Versez dans un puits au centre de la farine. Incorporez peu à peu avec une fourchette au début, puis avec vos mains, en ajoutant une cuillerée d'eau froide à la fois. Travaillez la pâte jusqu'à ce qu'elle soit lisse et élastique, environ 5 minutes.

Au robot culinaire : combinez tous les ingrédients et mélangez à vitesse moyenne en ajoutant de l'eau froide, une cuillerée à la fois jusqu'à ce que la pâte soit lisse mais pas collante.

Placez la boule de pâte dans un sac en plastique et réfrigérez 1 heure. Étalez la pâte assez mince et découpez avec un couteau ou à l'aide d'une machine.

Faites cuire dans une grande quantité d'eau bouillante salée, 2 minutes tout au plus. Égouttez et servez avec des crevettes grillées ou du parmesan râpé.

CANNELLONIS À LA RICOTTA ET À LA SARRIETTE D'ÉTÉ

4 à 6 portions

Farce

30 ml	d'huile d'olive	2 c. à soupe
2	oignons émincés	2
250 ml	de fromage ricotta	1 tasse
250 ml	de courge cuite*: (réservez 250 ml/1 tasse de liquide de cuisson)	1 tasse
30 ml	de sarriette d'été hachée	2 c. à soupe
	sel, poivre	
1	recette de pâtes à la courge (page 64)	

Sauce

30 ml	de beurre	2 c. à soupe
30 ml	de farine	2 c. à soupe
250 ml	du liquide de cuisson de la courge	1 tasse
250 ml	de crème 15 % ou de lait	1 tasse
15 ml	de sarriette d'été hachée	1 c. à soupe
	sel, poivre	

Pour faire la farce : faites chauffer l'huile et faites revenir les oignons à feu moyen jusqu'à ce qu'ils soient transparents, environ 2 minutes. Dans un bol, combinez les oignons avec la ricotta, la courge et la sarriette. Salez, poivrez et mélangez bien.

Étalez la pâte sur une épaisseur de 1 cm (1/2 po) et coupez en carrés de 12 cm (5 po) de côté afin d'obtenir 8 carrés. Divisez la farce entre les carrés, roulez et placez dans un plat huilé allant au four.

Pour faire la sauce : faites fondre le beurre dans une petite casserole, saupoudrez la farine et faites revenir à feu moyen en remuant, jusqu'à ce que le mélange soit doré et mousseux, environ 2 minutes. Ajoutez le liquide de cuisson de la courge, la crème ou le lait et la sarriette. Salez, poivrez et faites cuire à feu moyen en remuant constamment, jusqu'à ce que la sauce soit épaisse, environ 5 minutes. Versez la sauce sur les cannellonis. Faites cuire au four à 190 °C (375 °F) pendant 20 minutes.

* **La façon la plus rapide de cuire les courges est de le faire au micro-ondes. Pelez la courge et coupez la chair en cubes. Placez dans un plat allant au micro-ondes avec un fond d'eau (ou dans le cas de la recette ci-dessus 250 ml/1 tasse d'eau), couvrez et faites cuire à maximum de 3 à 4 minutes. La courge en cubes peut également être bouillie ou cuite à la vapeur, environ 10 minutes.**

RAVIOLIS À LA COURGE FARCIS AU POULET

Environ 3 douzaines de raviolis

Les courges d'hiver – comme la courge musquée (butternut), le potimarron (ambercup), la courge poivrée et la citrouille – sont parmi mes légumes préférés. Faciles à cultiver – si vous avez un grand jardin évidemment, car elles prennent beaucoup de place – elles se conservent durant des mois dans un endroit frais et sec, idéalement une cave ou un sous-sol, mais un garage peut convenir s'il n'y gèle pas durant l'hiver.

Pâtes à la courge

250 ml	de courge musquée (butternut) cuite	1 tasse
2	gros œufs	2
30 ml	d'huile d'olive	2 c. à soupe
	sel	
625 ml	de farine	2 1/2 tasses

Farce

15 ml	d'huile d'olive	1 c. à soupe
1	oignon haché finement	1
500 g	de poulet ou de dinde haché	1 lb
30 ml	de basilic haché	2 c. à soupe
15 ml	de crème épaisse ou de yogourt	1 c. à soupe
	sel, poivre	

Pour faire la pâte au robot culinaire, battez ensemble la courge, les œufs, l'huile et le sel. Ajoutez la farine et procédez par intermittence jusqu'à ce que la pâte forme une boule. Malaxez pendant 2 à 3 minutes. Réfrigérez 1 heure. Si vous faites la pâte à la main, voir les instructions pages 59 et 61.

Pour faire la farce, faites chauffer l'huile dans une poêle et faites revenir l'oignon à feu moyen jusqu'à ce qu'il soit transparent, environ 2 minutes. Ajoutez le poulet et faites revenir en remuant et à feu moyen jusqu'à ce que la viande devienne blanche. Transférez dans un bol et combinez avec le basilic et la crème. Salez, poivrez et mélangez bien.

Étalez la pâte sur une épaisseur de 1 cm (1/2 po) environ. Placez dessus des cuillerées de farce à intervalles réguliers et couvrez avec une seconde feuille de pâte. Pressez avec les doigts autour de la farce pour sceller et éliminer les bulles d'air. Coupez les raviolis avec un couteau pointu ou une roulette à pâtes. Si vous aimez les raviolis, vous voudrez peut-être investir dans un moule à raviolis. Il en existe de plusieurs formats. Étalez les raviolis sur une surface farinée et couvrez avec un linge jusqu'au moment de la cuisson. Portez à ébullition une grande marmite d'eau additionnée de sel. Plongez les raviolis, une douzaine à la fois, et faites bouillir jusqu'à ce qu'ils remontent à la surface. Retirez-les avec une écumoire et gardez-les au four pendant que vous terminez la cuisson. Servez avec une sauce tomate légère, une béchamel ou la sauce qui accompagne les cannellonis à la ricotta (page 62).

LASAGNES À LA CHAÎNE

Lorsque je fais des lasagnes, je prépare 4 grands plats à la fois que je divise en portions et que je congèle. Pour plus de rapidité, j'utilise les pâtes à lasagne qui ne demandent aucune cuisson préalable.

Les ingrédients peuvent être modifiés selon votre goût. Vous pouvez ajouter de la viande ou des champignons à la sauce tomate ou remplacer la béchamel par du fromage cottage. Une bonne sauce tomate, à base de tomates bien mûres et d'herbes fraîches, est essentielle cependant. Elle ne devrait pas être trop épaisse et vous aurez besoin d'au moins 1,5 l (6 tasses).

Pendant que la sauce tomate mijote, préparez 1 l (4 tasses) de béchamel avec 125 ml (1/2 tasse) de beurre, 125 ml (1/2 tasse) de farine, 1 l (4 tasses) de lait et 15 ml (1 c. à soupe) ou plus de sel (pour la méthode, voir la recette suivante). Incorporez 500 à 750 ml (2 à 3 tasses) de légumes verts (chou frisé, épinards…) cuits et hachés à la béchamel, salez, poivrez et mélangez bien.

Disposez 4 plats à lasagne sur des plaques à biscuits, couvrez le fond avec le tiers de la sauce tomate, couvrez de pâtes à lasagne puis d'une couche de béchamel, répétez (pâtes, béchamel, pâtes) et terminez par la sauce tomate. Couvrez les plats de papier aluminium. Faites cuire au four à 190 °C (375 °F) pendant 20 minutes. Laissez refroidir avant de diviser en portions et congeler dans des sacs de plastique prévus pour la congélation. Si vous voulez manger une portion immédiatement, saupoudrez de fromage râpé (mozzarella, cheddar, gruyère) et faites cuire 20 minutes de plus.

Pour servir la lasagne congelée, décongelez partiellement puis faites cuire au four à 190 °C (375 °F) de 30 à 60 minutes, jusqu'à ce que le centre soit chaud. Saupoudrez de fromage râpé et placez sous le gril quelques minutes jusqu'à ce que le dessus soit doré et croustillant.

TIMBALE DE PÂTES

Nourrissante et pourtant légère, cette spécialité sicilienne réconforte, hiver comme été.

Béchamel

60 ml	de beurre	1/4 tasse
60 ml	de farine	1/4 tasse
750 ml	de lait	3 tasses
	sel, poivre	

500 g	de vermicelles	1 lb
125 ml	de jambon en cubes	1/2 tasse
125 ml	de cheddar râpé	1/2 tasse
125 ml	d'emmenthal ou de gruyère râpé	1/2 tasse
125 ml	de ricotta ou de fromage cottage	1/2 tasse
125 ml	de parmesan râpé	1/2 tasse
125 ml	de chapelure	1/2 tasse
	huile d'olive	

Préparez d'abord la béchamel. Faites fondre le beurre dans une casserole, ajoutez la farine en pluie et remuez jusqu'à ce que le mélange soit doré et mousseux, environ 2 minutes. Ajoutez le lait et faites cuire à feu moyen en remuant jusqu'à ce que la sauce épaississe, environ 10 minutes. Salez, poivrez et réservez.

Faites cuire les pâtes jusqu'à ce qu'elles soient *al dente*. Égouttez et mélangez avec la moitié de la béchamel. Laissez refroidir partiellement. Combinez le jambon et les fromages avec le reste de la béchamel et mélangez bien. Réservez.

Beurrez un moule à charnière de 25 cm (10 po) de diamètre. Saupoudrez le fond et les parois avec la moitié de la chapelure.

Quand les pâtes sont assez tièdes, mouillez vos mains et couvrez le fond et les parois du moule avec les trois quarts des pâtes, en pressant. Versez le mélange de jambon-fromages au milieu et couvrez avec le reste des pâtes.

Saupoudrez avec le reste de la chapelure, arrosez d'un filet d'huile d'olive et faites cuire au four à 180 °C (350 °F), 50 à 60 minutes jusqu'à ce que le centre soit ferme au toucher. Laissez refroidir 15 minutes avant de démouler.

Servez avec la sauce romesco (page 114), du ketchup maison ou de la salsa.

Variantes:

- *Les végétariens peuvent remplacer le jambon par des petits pois ou des champignons émincés et légèrement revenus dans du beurre.*
- *Remplacez la ricotta par un fromage de chèvre crémeux, le parmesan par du romano ou du pecorino et l'emmenthal par de la fontina.*

POLENTA

À base de semoule de maïs, la polenta est une spécialité du nord de l'Italie. Prisé par les chefs contemporains, ce plat «paysan» jouit à nouveau de popularité. Vous pouvez même l'acheter précuite, sous la forme d'une grosse saucisse. Mais pourquoi dépenser de l'argent quand c'est si facile de la préparer soi-même.

Recette de base

4 à 6 portions

1 l	d'eau	4 tasses
15 ml	de sel	1 c. à soupe
250 ml	de semoule de maïs*	1 tasse

Dans une grande casserole, faites chauffer l'eau et le sel jusqu'à ce que de petites bulles montent du fond. Incorporez la semoule avant l'ébullition en mélangeant avec un fouet ce qui empêchera la formation de grumeaux.

Portez à ébullition puis réduisez le feu et faites cuire en remuant avec une cuillère en bois jusqu'à ce que la cuillère tienne debout dans la préparation, soit 8 à 10 minutes. Versez la polenta dans un moule à pain huilé, de préférence en verre ou en pyrex. Égalisez le dessus avec une spatule, couvrez d'une pellicule plastique et laissez refroidir. La polenta est prête à utiliser dans une gamme variée de recettes.

Vous pouvez aussi servir la polenta immédiatement, en accompagnement du poulet chasseur (page 108) ou du bœuf à la provençale (page 129), par exemple. Versez alors la polenta chaude dans un plat de service creux, arrosez d'huile d'olive et parsemez de parmesan. Ou assaisonnez de pesto.

* Il existe différentes semoules de maïs : fine, moyenne, grosse. Pour de meilleurs résultats, utilisez la moyenne.

Une fois la polenta froide, vous pouvez la couper en tranches.

Les tranches de polenta dorées dans de l'huile d'olive et saupoudrées d'herbes font un délicieux accompagnement pour les jarrets d'agneau (page 124).

Ou bien arrangez les tranches dans un plat, parsemez-les de noix de beurre, couvrez de fromage et faites cuire au four à 180 °C (350 °F) pendant 15 minutes. Faites dorer sous le gril quelques secondes avant de servir.

POPIZZA

4 à 6 portions

La « croûte » de la pizza faite de polenta est plus molle que la croûte traditionnelle et se mange mieux avec un couteau et une fourchette qu'avec les doigts.

Préparez une recette de base de polenta (page 71), en ajoutant 2 grosses cuillerées d'herbes séchées durant la cuisson. Étalez la polenta en une épaisseur de 2 cm (3/4 po) sur une plaque à biscuits huilée. Laissez tiédir.

Garnissez le dessus de la polenta avec de la sauce tomate, des lanières de poivrons verts, des champignons ou votre garniture à pizza favorite. Couvrez de mozzarella râpée et de fines herbes hachées. Faites cuire au four à 190 °C (375 °F) environ 15 minutes, jusqu'à ce que le dessus soit doré.

POLENTA ET AUBERGINES PARMIGIANA

2 à 4 portions

Voici une autre recette rapide et facile à base de tranches de polenta.

1	petite aubergine	1	
30 ml	d'huile d'olive	2 c. à soupe	
8	tranches de polenta de 1 cm (1/2 po) d'épaisseur	8	
500 ml	de sauce tomate	2 tasses	
250 ml	de fromage râpé, gruyère ou mozzarella	1 tasse	
	sel, poivre		
	fines herbes hachées		

Coupez l'aubergine en tranches minces. Dans une grande poêle, faites revenir les tranches à feu moyen dans l'huile jusqu'à ce qu'elles soient dorées des deux côtés. Réservez.

Badigeonnez d'huile un plat allant au four. Déposez la moitié des tranches de polenta au fond, couvrez avec la moitié de l'aubergine, salez, poivrez et répétez. Versez la sauce tomate dessus et garnissez de fromage.

Faites cuire au four à 190 °C (375 °F), 20 à 30 minutes. Faites dorer quelques secondes sous le gril. Saupoudrez d'herbes hachées et servez.

GRATIN D'ORGE

Je fais souvent des «restes» volontairement. C'est-à-dire que je prépare plus qu'il ne m'est nécessaire pour une recette, en prévision du lendemain. Ainsi, je fais cuire plus d'orge – de riz ou de millet – pour confectionner ce délicieux gratin.

1 l	de courge, carottes ou patate douce crues, râpées	4 tasses
3	œufs	3
125 ml	de crème épaisse ou de crème sure	1/2 tasse
5 ml	de fines herbes séchées au choix	1 c. à thé
500 ml	d'orge, de riz ou de millet cuit	2 tasses
	sel, poivre	
125 ml	de chapelure	1/2 tasse
125 ml	de parmesan râpé	1/2 tasse
15 ml	de beurre	1 c. à soupe

Combinez les légumes, les œufs, la crème, les fines herbes et l'orge. Mélangez bien, salez, poivrez. Versez la préparation dans un moule huilé allant au four.

Mélangez la chapelure et le parmesan. Saupoudrez-en le dessus du gratin et parsemez de petites noix de beurre.

Faites cuire au four à 190 °C (375 °F) pendant 30 minutes. Faites dorer sous le gril quelques secondes.

LÉGUMES

QUICHE AUX POIREAUX ET CHÈVRE

4 à 6 portions

Vous pouvez remplacer le fromage de chèvre par de la fontina, un fromage du nord de l'Italie au goût subtil de noisette.

30 ml	de beurre	2 c. à soupe
3	blancs de poireaux (750 ml/3 tasses hachés)	3
15 ml	de farine	1 c. à soupe
1	fond de tarte de 23 cm (9 po)	1
50 g	de fromage de chèvre crémeux	1 1/2 oz
2	œufs	2
125 ml	de crème légère	1/2 tasse
	sel, poivre	

Préchauffez le four à 190 °C (375 °F). Dans une grande poêle, faites fondre le beurre et faites revenir les poireaux à feu moyen pendant 5 minutes, jusqu'à ce qu'ils soient tendres. Saupoudrez de farine et mélangez bien. Étalez les poireaux dans le fond de tarte.

Battez ensemble le fromage, les œufs et la crème, assaisonnez et versez sur les poireaux.

Faites cuire 35 minutes ou jusqu'à ce que le dessus soit doré et ferme au toucher.

CHOU-FLEUR AU CARI

6 à 8 portions

Beaucoup de personnes écartent le chou-fleur à cause de son odeur à la cuisson. C'était mon cas jusqu'à ce que j'aie l'idée de cette recette. Le parfum puissant du cari masque à merveille l'odeur du légume et lui donne en outre une saveur incomparable. Le chou-fleur au cari accompagne bien la charlotte au porc et aux pommes (page 119), peut être servi avec du riz complet pour un repas léger et se congèle bien.

1	gros chou-fleur	1
45 ml	de beurre	3 c. à soupe
2	oignons moyens hachés grossièrement	2
15 ml	de cari	1 c. à soupe
15 ml	de graines de cumin écrasées au mortier	1 c. à soupe
15 ml	de cassonade	1 c. à soupe
7,5 ml	de sel	1 1/2 c. à thé
250 ml	de raisins secs	1 tasse
250 ml	d'amandes effilées	1 tasse
375-500 ml	de bouillon de poulet	1 1/2 – 2 tasses

Séparez le chou-fleur en petits bouquets. Réservez.

Dans un grand faitout, faites fondre le beurre et faites revenir les oignons à feu moyen jusqu'à ce qu'ils soient transparents, environ 2 minutes. Ajoutez le cari, mélangez et faites revenir 1 minute.

Ajoutez le reste des ingrédients. Portez à ébullition puis laissez mijoter à couvert pendant 10 minutes, jusqu'à ce que le chou-fleur soit cuit mais encore croquant.

SAUTÉ DE LÉGUMES ET LINGUINIS

4 portions

Ce sauté de légumes fait une excellente garniture pour la gougère.

1	poivron rouge	1
1	courgette	1
1	carotte	1
6	pointes d'asperges ou 1 petit bulbe de fenouil	6
30 ml	d'huile d'olive	2 c. à soupe
60 ml	de noix de pin (facultatif)	1/4 tasse
	linguinis pour 4 personnes (environ 250 g/8 oz)	
	sel, poivre	
	parmesan râpé	
	marjolaine hachée	

Coupez le poivron, la courgette et la carotte en bâtonnets, les asperges en tronçons de 2,5 cm (1 po) ou le fenouil en tranches.

Faites chauffer l'huile dans une poêle et faites revenir le poivron 1 minute à feu moyen. Ajoutez le reste des légumes et les noix de pin. Faites revenir 1 à 2 minutes, couvrez, éteignez le feu en laissant la poêle dessus et laissez étuver jusqu'à ce que les légumes soient cuits mais encore croquants, environ 3 minutes.

Pendant ce temps, faites cuire les pâtes dans de l'eau bouillante salée, égouttez et combinez avec les légumes. Salez, poivrez, arrosez d'huile d'olive et saupoudrez de parmesan et de marjolaine.

Variante: vous pouvez combiner les légumes de votre choix. Un mélange printanier pourrait inclure du chou-rave, de jeunes courgettes et des pois mange-tout avec du basilic frais.

Ces deux mélanges se congèlent bien.

SAUTÉ DE LÉGUMES À L'INDIENNE

3 à 4 portions

Ce plat accompagne bien l'agneau grillé. Servi avec du riz et du plantain grillé, il compose un repas léger et nourrissant. Se congèle bien.

250 ml	de raisins secs	1 tasse
125 ml	d'eau tiède	1/2 tasse
5 ml	de graines de cumin	1 c. à thé
5 ml	de graines de coriandre	1 c. à thé
30 ml	de beurre	2 c. à soupe
30 ml	d'huile d'olive	2 c. à soupe
4	oignons moyens émincés	4
6	carottes en tranches	6
4	branches de céleri en tronçons	4
1	boîte (540 ml/19 oz) de pois chiches égouttés	1
5 ml	de cassonade	1 c. à thé
	sel, poivre	

Faites tremper les raisins dans l'eau tiède 10 à 15 minutes. Réduisez le cumin et la coriandre en poudre au mortier ou à l'aide d'un moulin à grains.

Dans une grande poêle, faites chauffer le beurre et l'huile et faites revenir les oignons à feu moyen jusqu'à ce qu'ils soient transparents, environ 2 minutes. Ajoutez les épices et poursuivez la cuisson 30 secondes en remuant. Ajoutez les légumes, les raisins avec leur eau de trempage, les pois chiches et la cassonade. Salez et poivrez. Couvrez et laissez mijoter 15 minutes à feu doux.

TIAN

Un tian est un plat provençal en terre cuite et allant au four. On donne aussi ce nom aux gratins de légumes que l'on prépare dedans. En hiver, préparez le tian avec des légumes-racines : céleri-rave, pommes de terre, rutabagas, patates douces… En été, combinez des tomates, des courgettes vertes et jaunes et faites cuire seulement 20 minutes à découvert.

1	petit céleri-rave	1
2	patates douces ou une petite courge musquée (butternut)	2
1	oignon émincé	1
125 ml	d'eau, de vin blanc ou de vermouth Noilly Prat	1/2 tasse
60 ml	d'huile d'olive	1/4 tasse
30 ml	d'herbes séchées	2 c. à soupe
	sel, poivre	
15 ml	de miel tiède	1 c. à soupe

Pelez le céleri-rave, coupez-le en deux puis en tranches (demi-lunes) de 1/2 cm (1/4 po) d'épaisseur. Pelez et coupez les patates douces ou la courge de la même façon. Étalez l'oignon au fond du plat et couchez les légumes dessus en alternant céleri-rave et patate. Mouillez avec le liquide, arrosez d'un filet d'huile et saupoudrez de fines herbes. Salez et poivrez.

Couvrez et faites cuire au four à 190 °C (375 °F) pendant 30 minutes ou plus, selon que vous aimez vos légumes croustillants ou moelleux. Badigeonnez le dessus de miel tiède et faites dorer au gril 5 minutes avant de servir.

CAPONATA OU RATATOUILLE

6 à 8 portions

Toutes les deux sont issues du bassin méditerranéen. La caponata (sans courgettes) nous vient de la Sicile et la ratatouille (avec courgettes) de la Provence. Toutes deux se congèlent bien et peuvent être utilisées de mille et une façons.

Caponata

30 ml	d'huile d'olive	2 c. à soupe
3	aubergines moyennes en cubes	3
3	poivrons rouges ou verts en cubes	3
2	oignons hachés grossièrement	2
1,5 l	de tomates pelées, épépinées et hachées grossièrement*	6 tasses
3	gousses d'ail émincées	
	sel, poivre	
60 ml	de basilic émincé	1/4 tasse

Faites chauffer l'huile dans une grande poêle et faites revenir les aubergines 4 ou 5 minutes à feu moyen, en remuant. Transférez dans un grand faitout.

Ajoutez plus d'huile si nécessaire et faites revenir les poivrons et les oignons, 4 à 5 minutes. Transférez dans le faitout.

Ajoutez les tomates et l'ail aux légumes. Salez, poivrez et faites cuire à feu moyen, en remuant fréquemment jusqu'à ce que la sauce soit épaisse, 30 à 45 minutes selon le pourcentage d'eau dans les tomates. Ajoutez le basilic en fin de cuisson.

* **Les tomates italiennes (tomates prunes) sont les plus indiquées, mais n'importe quelles tomates à chair épaisse peuvent être utilisées, même des tomates en boîte.**

Ratatouille

Ajoutez à la recette précédente 3 courgettes en demi-rondelles et revenues dans l'huile.

Voici quelques suggestions à base de caponata ou de ratatouille.

- Servez froid, en entrée, arrosé d'un filet d'huile d'olive et garni de parmesan.
- Réduisez en purée au mélangeur en ajoutant un filet d'huile d'olive, assaisonnez avec de l'ail cru émincé, du basilic frais et servez comme trempette.
- Garnissez-en des crêpes, couvrez de fromage râpé et réchauffez au four.
- Utilisez comme garniture pour la gougère (page 28).

SALADE DE FLAGEOLETS ET LÉGUMES-RACINES

4 portions

Cette salade nourrissante convient bien pour un buffet ou comme accompagnement d'un plat, telle la quiche aux poireaux et chèvre (page 81). Vous pouvez également substituer d'autres légumineuses aux flageolets.

2	panais	2
1	petit céleri-rave	1
30 ml	d'huile d'olive	2 c. à soupe
60 ml	de vin blanc ou de vermouth Noilly Prat	1/4 tasse
	sel, poivre	
500 ml	de flageolets cuits	2 tasses
15 ml	de fines herbes séchées, au choix	1 c. à soupe

Pelez et coupez les panais et le céleri-rave en bâtonnets.

Faites chauffer l'huile dans une poêle et faites revenir les légumes à feu moyen jusqu'à ce qu'ils soient dorés sur les bords. Ajoutez le liquide, salez et poivrez. Couvrez et laissez étuver 2 à 3 minutes, jusqu'à ce que les légumes soient presque cuits.

Ajoutez les flageolets et les fines herbes, réchauffez lentement.

Variante: badigeonnez une poitrine de poulet d'huile d'olive et saupoudrez généreusement de fines herbes. Faites cuire dans une poêle antiadhésive, 5 minutes de chaque côté (plus, si la viande est épaisse). Couvrez et retirez la poêle du feu, laissez étuver 5 minutes. Coupez le poulet en tranches diagonales et mélangez délicatement avec la salade.

SURPRISES AU POULET

4 portions

Voici une recette longue mais très facile à faire, et surtout très spectaculaire.

Pâte à tarte

375 ml	de farine	1 1/2 tasse
2,5 ml	de sel	1/2 c. à thé
80 ml	de graisse végétale	1/3 tasse
80 ml	de beurre	1/3 tasse
60 ml	d'eau glacée	1/4 tasse
4	courges poivrées (acorn)	4

Garniture

30 ml	d'huile d'olive	2 c. à soupe
250 g	de poitrine de poulet en cubes	1/2 lb
250 ml	de champignons en quartiers	1 tasse
3	carottes en dés	3
	fines herbes	
250 ml	de bouillon de poulet	1 tasse
250 ml	de petits pois, frais ou décongelés	1 tasse
	sel, poivre	
10 ml	de beurre	2 c. à thé
10 ml	de farine	2 c. à thé
1	jaune d'œuf	1

Pâte à tarte : mélangez, à la main ou au robot culinaire, la farine, le sel, la graisse végétale et le beurre jusqu'à ce que le mélange ressemble à de la chapelure. Ajoutez peu à peu l'eau glacée pour former une boule. Ne travaillez pas trop la pâte. Gardez-la au réfrigérateur pendant 1 heure.

Courges : coupez la partie supérieure des courges (du côté du pédoncule) du tiers environ. Retirez les graines et les filaments à l'intérieur des courges et placez-les, la partie coupée vers le bas, sur une plaque à biscuits légèrement huilée. Faites cuire au four à 190 °C (375 °F) pendant 20 minutes, jusqu'à ce qu'elles soient à peine tendres. Avec une cuillère, retirez une partie de la pulpe en laissant une coquille de 1 cm (1/2 po) d'épaisseur environ. Réservez la pulpe pour une autre recette.

Garniture : faites chauffer l'huile dans une poêle antiadhésive et faites saisir le poulet sur tous les côtés 1 minute. Réservez.

Ajoutez un peu d'huile si nécessaire et faites revenir les champignons à feu vif jusqu'à ce qu'ils soient dorés. Ajoutez les carottes, les fines herbes et le bouillon. Portez à ébullition, couvrez et laissez mijoter 5 minutes. Ajoutez le poulet et les pois. Assaisonnez. Dans un petit bol, faites une pâte en combinant le beurre et la farine. Incorporez le beurre manié en remuant constamment. Laissez épaissir 1 à 2 minutes.

Étalez la pâte sur 1 cm (1/2 po) d'épaisseur. Découpez des cercles légèrement plus grands que le dessus des courges. Avec les restes de pâte, façonnez des feuilles pour décorer.

Remplissez les courges avec le mélange de poulet, couvrez avec la pâte et pressez les bords pour sceller. Décorez de feuilles et badigeonnez de jaune d'œuf battu avec un peu d'eau. Faites cuire au four à 190 °C (375 °F) jusqu'à ce que la pâte soit dorée, environ 20 minutes.

Truc : faites tenir les courges dans des bols ou des ramequins pour les faire cuire et les servir.

Terrine de légumes, page 98

TERRINE DE LÉGUMES

8 à 10 portions

Encore une longue recette mais facile… et le résultat est spectaculaire.

Pâte à tarte

750 ml	de farine	3 tasses
5 ml	de sel	1 c. à thé
125 ml	de graisse végétale	1/2 tasse
125 ml	de beurre	1/2 tasse
1	œuf battu	1
15 ml	de vinaigre	1 c. à soupe
45-60 ml	d'eau glacée	3-4 c. à soupe

Garniture

30 ml	d'huile d'olive	2 c. à soupe
500 ml	d'oignons émincés	2 tasses
500 ml	de topinambours ou de pommes de terre en tranches	2 tasses
250 ml	de céleri-rave en tranches	1 tasse
500 ml	de légumes-feuilles cuits (épinards, chou frisé ou bettes à carde)	2 tasses
500 ml	de carottes, ou de courge musquée (butternut) crues, râpées	2 tasses
500 ml	de béchamel (voir page 69)	2 tasses
500 ml	de mozzarella râpée	2 tasses
	sel, poivre	
3	œufs plus 1 jaune d'œuf	3 plus 1

Combinez la farine et le sel, incorporez les gras jusqu'à ce que le mélange ressemble à de la chapelure. Ajoutez l'œuf, le vinaigre et assez d'eau (1 cuillerée à la fois) et mélangez sans trop travailler la pâte. Former une boule. Gardez la pâte au réfrigérateur pendant 1 heure.

Faites chauffer l'huile dans une poêle et faites revenir les oignons à feu moyen et en remuant jusqu'à ce qu'ils commencent à dorer, environ 5 minutes. Réservez.

Faites cuire les topinambours et le céleri-rave, à la vapeur ou au micro-ondes, jusqu'à ce qu'ils soient tendres.

Préparez la béchamel (voir les instructions page 69).

Préchauffez le four à 190 °C (375 °F).

Réservez un tiers de la pâte pour le dessus. Abaissez le reste et garnissez-en un moule à charnière de 25 cm (10 po) de diamètre graissé, en laissant 2 cm (3/4 po) de pâte dépasser des bords.

Étalez les oignons dans le fond du moule, couvrez avec les topinambours puis une partie de la mozzarella. Répétez l'opération en alternant les légumes et le fromage. Salez, poivrez légèrement entre chaque couche.

Battez ensemble les œufs et la béchamel. Versez sur les légumes.

Abaissez le reste de la pâte, couvrez-en le moule et pincez les bords pour sceller. Badigeonnez le dessus de jaune d'œuf battu avec un peu d'eau et faites un trou au milieu de la pâte pour laisser échapper la vapeur. Faites cuire 1 heure ou jusqu'à ce qu'une lame insérée au milieu en ressorte propre.

Laissez refroidir 10 minutes sur une grille avant de démouler.

LÉGUMES FARCIS

4 portions

Ma mère travaillait 48 heures par semaine dans une manufacture de cigares et elle prenait quand même le temps de préparer deux repas complets par jour. Ce n'est que bien plus tard que j'ai réalisé à quel point elle accomplissait un tour de force quotidien. De ma mère, j'ai appris à utiliser peu d'ingrédients mais toujours les meilleurs, à simplifier les recettes et à me débrouiller avec ce que j'ai sous la main. J'ai aussi appris à faire ces délicieux légumes farcis que j'adorais quand j'étais petite. Je m'en régale toujours. Vous pouvez farcir des tomates, des poivrons, des aubergines, des courgettes (les rondes sont mieux appropriées que les longues), des oignons (ronds et non ovales), du chou-rave... Les tomates ne nécessitent pas de précuisson.

4	aubergines moyennes	4
30 ml	d'eau	2 c. à soupe
4	gros oignons	4
2	tranches de pain blanc, la croûte enlevée	2
250 g	de porc haché	1/2 lb
250 g	de veau haché	1/2 lb
2	œufs	2
5 ml	de sel	1 c. à thé
5 ml	de fines herbes séchées	1 c. à thé
	chapelure	

Coupez les aubergines en deux dans la longueur et faites-les cuire 3 minutes au micro-ondes avec l'eau. Pelez les oignons, coupez-les en deux dans la longueur et faites-les cuire comme les aubergines.

Avec une cuillère, retirez délicatement la pulpe des aubergines (réservez pour une autre utilisation), en conservant une coquille de 1 cm (1/2 po) d'épaisseur. Retirez l'intérieur des oignons en conservant 2 couches. Réservez.

Faites tremper le pain dans de l'eau froide. Égouttez et pressez dans la paume des mains pour extraire le maximum d'eau.

Préchauffez le four à 190 °C (375 °F).

Hachez la pulpe des oignons et mélangez avec le reste des ingrédients, excepté la chapelure.

Remplissez les aubergines et les oignons de cette farce. Saupoudrez de chapelure.

Placez les légumes dans un plat huilé allant au four. Faites cuire pendant 25 à 30 minutes, jusqu'à ce que le jus sortant des farcis soit clair.

Variante végétarienne:

Faites cuire et videz les oignons en suivant la recette précédente.

Hachez la pulpe des oignons et combinez avec 250 ml (1 tasse) de millet ou de riz cuit, 125 ml (1/2 tasse) d'olives noires dénoyautées et hachées, 250 ml (1 tasse) de fromage râpé (cheddar, gruyère…). Remplissez les oignons de ce mélange et faites cuire au four pendant 20 minutes.

COURGE FARCIE

J'utilise la courge potimarron (ambercup) pour cette recette mais n'importe quelle courge d'hiver à peau épaisse et ronde – citrouille, kabocha… – convient aussi bien.

1	courge d'environ 2,5 kg (5 lb)	1
30 ml	d'huile d'olive	2 c. à soupe
	sel	
2	gros oignons émincés	2
250 g	de porc haché	1/2 lb
125 ml	de persil haché	1/2 tasse
125 ml	de légumes verts (épinards, chou frisé ou bettes à carde) cuits et hachés	1/2 tasse
1	œuf	1
125 ml	de couscous moyen, et plus	1/2 tasse
	sel, poivre	
	fines herbes	
30 ml	de chapelure	2 c. à soupe
30 ml	de parmesan râpé	2 c. à soupe

Découpez le dessus de la courge et mettez-la de côté. Enlevez les graines et les filaments. Badigeonnez l'intérieur d'huile et salez. Réservez.

Dans une grande poêle, faites chauffer l'huile et faites revenir les oignons jusqu'à ce qu'ils soient transparents, environ 2 minutes. Réservez.

Faites revenir la viande jusqu'à ce qu'elle soit blanche puis combinez avec les oignons, le persil, les légumes et l'œuf.

Il vous faut maintenant estimer la quantité de couscous nécessaire pour que la farce remplisse la courge. Faites tremper le couscous dans un volume égal d'eau chaude jusqu'à ce que le liquide soit absorbé. Combinez au mélange précédent. Assaisonnez et

remplissez la courge de cette préparation. Couvrez avec la partie détachée et faites cuire dans un four préchauffé à 200 °C (400 °F), environ 1 heure 15.

Retirez le couvercle, saupoudrez le dessus avec la chapelure mélangée avec le parmesan râpé. Faites dorer sous le gril quelques minutes.

Pour servir, coupez la courge en 4 ou 6 portions ou puisez à l'intérieur avec une grande louche.

VIANDE

Jarrets d'agneau à la compote de pommes et oignons;
légumes-racines grillés, page 124

POULET EN CRAPAUDINE

4 à 6 portions

La gastronomie fait grand cas des titres ronflants et alambiqués. «En crapaudine» se dit d'une volaille fendue et aplatie comme un crapaud. Une jolie façon, malgré le nom, de présenter le poulet. Choisissez de préférence un poulet de grains à la peau épaisse.

1	poulet de 1,5 kg (3 lb) environ	1
250 ml	de fromage feta	1 tasse
250 ml	de crème sure ou de fromage cottage crémeux	1 tasse
45 ml	d'herbes fraîches ou	3 c. à soupe
15 ml	d'herbes séchées	1 c. à soupe
15 ml	d'huile d'olive	1 c. à soupe
1	oignon émincé	1
10	gousses d'ail	10
125 ml	de vin blanc ou de vermouth Noilly Prat	1/2 tasse
	sel, poivre	

Avec des ciseaux de cuisine ou un couteau bien aiguisé, coupez la carcasse de chaque côté de la colonne vertébrale et retirez celle-ci. Retournez le poulet et aplatissez-le. Glissez la main entre la peau et les poitrines pour la détacher.

Émiettez la feta et mélangez-la avec la crème sure, les herbes et l'huile pour obtenir une pâte ferme. Glissez la farce sous la peau du poulet de façon à recouvrir les poitrines, en prenant soin de ne pas déchirer la peau. À la cuisson, les poitrines resteront ainsi moelleuses.

Dans un plat allant au four, étalez l'oignon et l'ail, ajoutez le vin et posez le poulet dessus. Badigeonnez la peau d'huile d'olive, salez, poivrez. Couvrez le plat avec un couvercle ou du papier aluminium et faites cuire au four à 190 °C (375 °F) pendant 45 minutes, en arrosant fréquemment avec le liquide. Retirez le couvercle et poursuivez la cuisson jusqu'à ce que le poulet soit bien doré, environ 30 minutes. Servez avec des petits légumes de saison, du tian (page 89) ou de la polenta grillée (page 71).

POULET CHASSEUR

La peau du poulet est délicieuse lorsqu'elle est grillée mais peu appétissante quand le poulet est braisé, aussi je préfère l'enlever. Mais la chair a alors tendance à s'effilocher. Si vous recherchez une belle présentation, retirez la peau après la cuisson. Ce plat se congèle très bien.

60 ml	d'huile d'olive et plus	1/4 tasse
4	oignons émincés	4
2	poulets de 1,5 kg (3 lb) chacun, découpés (ou le même poids en cuisses)	2
1,5 l	de tomates pelées et hachées grossièrement	6 tasses
1 l	de champignons en quartiers	4 tasses
	sel, poivre	
60 ml	de fines herbes hachées (romarin, marjolaine, thym)	1/4 tasse

Dans un grand faitout ou un autocuiseur, faites chauffer l'huile d'olive et faites revenir les oignons à feu moyen jusqu'à ce qu'ils soient transparents, environ 3 minutes. Retirez avec une écumoire et réservez.

Ajoutez un peu d'huile si nécessaire et faites dorer les morceaux de poulet de tous les côtés. Ajoutez les oignons, les tomates et les champignons, salez et poivrez. Couvrez et laissez mijoter 45 minutes (15 minutes à l'autocuiseur). Ajoutez les fines herbes en fin de cuisson.

POULET AU CIDRE

4 portions

Comme tous les plats mijotés, celui-ci est meilleur le lendemain.

30 ml	d'huile d'olive	2 c. à soupe
4	cuisses de poulet	4
16	petits oignons blancs pelés	16
4	grosses pommes pelées en quartiers	4
375 ml	de cidre sec	1 1/2 tasse
	sel, poivre	

Dans une poêle, faites chauffer l'huile et faire dorer le poulet sur tous les côtés à feu vif. Transférez dans un plat allant au four.

Ajoutez un peu d'huile si nécessaire et faites revenir les oignons jusqu'à ce qu'ils commencent à dorer, ajoutez au poulet. Faites revenir les pommes 2 minutes dans la poêle. Ajoutez au poulet.

Déglacez la poêle avec le cidre en grattant le fond pour récupérer tous les sucs de cuisson, et versez sur le poulet. Assaisonnez, couvrez et faites cuire au four à 190 °C (375 °F) pendant 45 minutes ou jusqu'à ce que le poulet soit cuit.

Avec une louche, retirez le plus de sauce possible. Transférez dans une petite casserole et réduisez à feu vif jusqu'à ce qu'elle soit épaisse. Gardez le poulet au chaud pendant ce temps. Combinez à nouveau sauce et poulet et servez avec des pâtes fraîches ou une purée de pommes de terre.

POT-AU-FEU DE POULET À LA LIVÈCHE

6 à 8 portions

Un repas complet pour 6 à 8 personnes prêt en 20 minutes? C'est possible avec cette recette et un autocuiseur. Pour épargner encore plus de temps, ne farcissez pas le poulet. Vous pouvez utiliser d'autres légumes-racines : patate douce, céleri-rave, panais…

Farce

500 ml	d'épinards ou de chou frisé frais, hachés	2 tasses
125 ml	de riz cru	1/2 tasse
1	œuf	1
10 ml	de sel	2 c. à thé
15 ml	de fines herbes séchées, au choix	1 c. à soupe
1	poulet à rôtir de 1,5 kg (3 lb)	1
4	petits navets pelés	4
4	carottes en tronçons	4
2	pommes de terre en quartiers	2
2	branches de livèche (ou 250 ml/1 tasse de feuilles de céleri)	2
1	feuille de laurier	1
500 ml	d'eau	2 tasses
	sel, poivre	
	croûton et parmesan râpé	

Pour faire la farce, combinez les épinards, le riz, l'œuf, le sel et les herbes. Remplissez le poulet avec la farce sans presser, car le riz gonfle en cuisant.

Placez le poulet, les légumes, les herbes et l'eau dans un autocuiseur. Salez, poivrez et faire cuire 15 minutes.

Ou dans un grand faitout, placez le poulet, couvrez-le d'eau, salez et portez lentement à ébullition. Couvrez et laissez mijoter à feu doux jusqu'à ce que le poulet soit cuit, 45 à 60 minutes. Ajoutez les légumes et les herbes à mi-cuisson.

Servez le bouillon avec des croûtons et du parmesan râpé en premier, puis le poulet et les légumes avec un assortiment de sauces (voir pages 114 et 115), de la moutarde ou de la mayonnaise parfumée aux herbes fraîches.

SAUCE ROMESCO

Environ 375 ml (1 1/2 tasse)

J'ai découvert cette fabuleuse sauce en Espagne, où elle accompagne de jeunes poireaux grillés. Si vous désirez lui donner plus de « punch », augmentez la quantité de piment.

1	tête d'ail	1
125 ml	d'huile d'olive	1/2 tasse
4	poivrons rouges	4
1	piment chili frais (ou plus)	1
	sel, poivre	

Mettez les gousses d'ail pelées dans un petit plat allant au four. Ajoutez l'huile et couvrez de papier aluminium. Mettez les poivrons et le piment dans un autre plat. Placez le plat de poivrons sous le gril du four (mais pas trop près) et le plat d'ail sur la grille du bas. Faites griller les poivrons en les retournant régulièrement jusqu'à ce que la peau soit noircie sur tous les côtés, environ 20 minutes. Transférez les poivrons dans un sac en plastique ou en papier et réservez. Laissez l'ail dans le four éteint pour terminer sa cuisson.

Pelez et épépinez les poivrons et le piment lorsqu'ils sont tièdes. Mettez la chair dans le bol d'un robot culinaire. Retirez l'ail de l'huile avec une écumoire (réservez l'huile pour une autre utilisation) et ajoutez aux poivrons. Réduisez en purée à haute vitesse, salez, poivrez.

SAUCE GRIBICHE

Environ 300 ml (1 1/4 tasse)

1	œuf dur, jaune et blanc séparé	1
15 ml	de vinaigre d'estragon ou de jus de citron	1 c. à soupe
15 ml	de moutarde forte	1 c. à soupe
250 ml	d'huile d'olive	1 tasse
30 ml	de persil haché	2 c. à soupe
15 ml	de câpres hachées	1 c. à soupe
	sel, poivre	

Écrasez le jaune d'œuf cuit avec une fourchette et combinez avec le vinaigre et la moutarde. Ajoutez l'huile en filet et en fouettant, comme pour une mayonnaise, jusqu'à ce que la sauce soit épaisse et crémeuse.

Ajoutez le persil, les câpres et le blanc d'œuf haché finement. Salez, poivrez.

Chou frisé

Le chou frisé est vraiment un légume remarquable. Les jeunes feuilles sont délicieuses crues en salade et les grandes feuilles se congèlent très bien. En fait, il est difficile de faire la différence, une fois cuit, entre du chou frisé frais ou congelé. Comme tous les membres de la famille des crucifères, il est excellent pour la santé et particulièrement recommandé dans la prévention du cancer.

Le chou frisé s'utilise dans les soupes, dans les farces (roulés à la pâte filo, page 24 ; courge farcie, page 102), et comme légume d'accompagnement. Une vraie merveille !

Congélation :

Enlevez la tige et la partie centrale dure de la feuille. Lavez les feuilles et, sans les égoutter, mettez-les dans une grande poêle antiadhésive. Couvrez et faites cuire (sans huile ni beurre) à feu moyen pendant 1 ou 2 minutes jusqu'à ce que les feuilles soient molles. Égouttez et laissez refroidir. Pressez les feuilles entres vos mains pour retirer l'eau et congelez dans des sacs en plastique.

FILET DE PORC FARCI AUX POMMES ET AUX NOISETTES

4 portions

125 ml	de noisettes	1/2 tasse
2	pommes pelées râpées grossièrement	2
1	pincée de cannelle et de piment de la Jamaïque	1
30 ml	de beurre	2 c. à soupe
	sel, poivre	
2	filets de porc de 300 g (10 oz) environ chacun	2
15 ml	de farine	1 c. à soupe
375 ml	de jus de pomme ou de cidre naturel	1 1/2 tasse

Étalez les noisettes dans un plat et faites griller au four à 190 °C (375 °F) pendant 8 minutes. Placez les noisettes dans un linge, fermez et frottez ensemble avec les mains pour retirer la peau. Hachez grossièrement et mélangez avec les pommes, les épices et la moitié du beurre. Salez et poivrez.

Coupez les filets de porc en portefeuille dans la longueur, remplissez la cavité avec la farce et ficelez.

Faites fondre le reste du beurre dans une poêle et faites revenir les filets de tous les côtés jusqu'à ce qu'ils soient dorés. Transférez dans un plat allant au four.

Saupoudrez la poêle avec la farine et faites dorer quelques secondes. Ajoutez le jus de pomme, mélangez et portez à ébullition. Versez sur le porc, couvrez et faites cuire 35 à 40 minutes au four à 160 °C (325 °F).

Retirez les filets et gardez-les au chaud. Faites réduire la sauce de moitié à feu vif, environ 15 minutes. Coupez les filets en tranches épaisses, disposez sur les assiettes de service et nappez de sauce.

CHARLOTTE AU PORC ET AUX POMMES

4 à 6 portions

Les moules à charlotte sont introuvables ou hors de prix. J'utilise à la place un moule à soufflé (de 18 cm/7 po de diamètre), mais vous pouvez également employer un moule à charnière de même grandeur.

10	tranches de pain blanc ou brun	10
	beurre pour tartiner	

Farce

250 g	de porc haché	1/2 lb
250 g	de foies de poulet	1/2 lb
4	pommes pelées râpées	4
250 ml	de persil haché	1 tasse
1	œuf	1
7,5 ml	de sel	1 1/2 c. à thé
5 ml	de poivre	1 c. à thé

Sauce au vin rouge

60 ml	de beurre	1/4 tasse
1	oignon émincé	1
250 ml	de vin rouge	1 tasse
500 ml	de bouillon de bœuf	2 tasses
30 ml	de fines herbes hachées : estragon ou romarin	2 c. à soupe
	sel, poivre	

Beurre manié

15 ml	de beurre	1 c. à soupe
15 ml	de farine	1 c. à soupe

Coupez la croûte du pain et tartinez un côté avec le beurre. Placez les tranches côté beurré vers le haut, sur une plaque à biscuits et faites dorer sous le gril. Réservez. Préchauffez le four à 190 °C (375 °F).

Combinez tous les ingrédients de la farce dans le bol d'un robot culinaire et mélangez à haute vitesse. Ou à la main, hachez les foies de volaille et mélangez bien avec le reste des ingrédients.

Graissez un moule à charlotte ou à soufflé, couvrez le fond et les parois avec le pain, côté doré vers l'extérieur. Remplissez l'intérieur avec la farce. Pressez avec le dos d'une cuillère pour éliminer les poches d'air. Couvrez de papier aluminium et attachez celui-ci avec de la ficelle de cuisine.

Placez le moule au milieu du four dans un plat contenant 3 cm (1 po) d'eau chaude et baissez immédiatement la température à 180 °C (350 °F). Faites cuire 1 heure 30 à 2 heures. Pour vérifier la cuisson, piquez le milieu de la farce avec une lame. Le jus qui en sort doit être clair.

Pendant ce temps, faites la sauce. Dans une casserole, faites fondre le beurre et faites revenir l'oignon à feu moyen jusqu'à ce qu'il soit transparent, environ 2 minutes. Ajoutez le vin et portez à ébullition. Faites cuire 1 minute afin que l'alcool s'évapore. Ajoutez le bouillon et faites réduire de moitié à feu vif. Ajoutez les herbes et rectifiez l'assaisonnement, si nécessaire.

Dans un petit bol, préparez le beurre manié en combinant le beurre et la farine. Délayez la pâte obtenue dans la sauce et laissez mijoter jusqu'à épaississement. Ne faites pas bouillir.

Démoulez la charlotte sur le plat de service et servez la sauce en saucière.

FARCIS ORLÉANAIS

4 portions

J'aime combiner le veau et le porc pour mes farces. Dans celle-ci, le pain ajoute du moelleux et les œufs aident à tenir le tout.

3	tranches de pain blanc, croûte enlevée	3
2	grosses laitues Boston	2
250 g	de porc haché	1/2 lb
150 g	de veau haché	1/3 lb
2	œufs	2
15 ml	de sel	1 c. à soupe
5 ml	d'origan	1 c. à thé
4	tranches de bacon	4
2	carottes coupées en rondelles	2
2	oignons émincés	2
1	feuille de laurier	1
125 ml	de bouillon de poulet	1/2 tasse

Faites tremper le pain dans un peu d'eau jusqu'à ce qu'il soit mou. Égouttez et pressez entre les mains pour éliminer l'eau. Réservez.

Faites cuire les laitues au micro-ondes avec 1 cuillerée d'eau pendant 2 minutes à maximum, jusqu'à ce qu'elles soient ramollies. Égouttez et laissez refroidir légèrement.

Réservez 16 grandes feuilles de laitue. Hachez le reste et combinez avec le pain, la viande, les œufs, le sel et l'origan. Mélangez bien.

Étalez 4 feuilles de laitue en croix, en les superposant légèrement et placez le quart de la farce au milieu, repliez les feuilles et maintenez en place avec une tranche de bacon. Répétez avec le reste des ingrédients pour faire 4 farcis.

Étalez les carottes et les oignons dans le fond d'un plat allant au four, placez les farcis dessus, ajoutez le laurier et le bouillon de poulet, couvrez et faites cuire au four à 150 °C (300 °F) pendant 1 heure.

JARRETS D'AGNEAU À LA COMPOTE DE POMMES ET OIGNONS

4 portions

Les coupes les plus savoureuses de l'agneau sont l'épaule, le collier et les jarrets.

60 ml	d'huile d'olive	1/4 tasse
4	gros oignons émincés	4
4	jarrets d'agneau d'environ 350 g (3/4 lb) chacun	4
250 ml	de jus de pommes ou d'eau	1 tasse
	sel, poivre	
1	pomme pelée et râpée	1
2 à 3	branches de romarin	2 à 3

Légumes-racines

2	panais	2
2	carottes	2
1	petit rutabaga ou 1 patate douce	1
60 ml	d'huile d'olive et plus	1/4 tasse
	sel, poivre	
30 ml	de vinaigre balsamique	2 c. à soupe

Dans une poêle, faites chauffer l'huile et faites revenir les oignons à feu moyen, jusqu'à ce qu'ils soient transparents. Retirez-les avec une écumoire et étalez-les dans le fond d'un plat allant au four.

Ajoutez un peu d'huile si nécessaire et faites dorer les jarrets de tous les côtés. Placez les jarrets sur les oignons, ajoutez le jus de pomme, du sel et du poivre. Couvrez et faites cuire au four à 190 °C (375 °F) pendant 1 heure.

Ajoutez la pomme et le romarin et poursuivez la cuisson jusqu'à ce que les jarrets soient tendres, 30 minutes environ.

Pendant ce temps, pelez et coupez les légumes en gros bâtonnets. Faites-les blanchir 2 minutes à l'eau bouillante ou au micro-ondes. Égouttez et séchez avec un linge.

Dans une grande poêle, faites chauffer l'huile d'olive et faites sauter les légumes à feu moyen jusqu'à ce qu'ils soient dorés, environ 5 minutes. Ajoutez de l'huile en cours de cuisson, si nécessaire. Salez, poivrez et arrosez d'un filet de vinaigre balsamique.

Servez les jarrets et leur sauce, entourés de légumes, avec de la polenta grillée (page 71).

AGNEAU AUX ARÔMES D'ORIENT

4 à 6 portions

Vous pouvez faire cuire ce ragoût dans un tajine, plat traditionnel marocain en terre cuite. Et aussi remplacer les figues par des pruneaux.

5 ml	de chaque épice : cumin, carvi, coriandre en grains, poivre noir	1 c. à thé
15 ml	de beurre	1 c. à soupe
15 ml	d'huile	1 c. à soupe
1 kg	de collier ou d'épaule d'agneau	2 lb
	farine	
12	abricots secs	12
6	figues séchées	6
1	anis étoilé (facultatif)	1
250 ml	d'eau ou de jus d'orange	1 tasse
5 ml	de sel	1 c. à thé
	safran et curcuma (facultatif)	

Réduisez les épices en poudre au moulin à grains ou au mortier.

Dans une grande poêle antiadhésive, faites chauffer le beurre et l'huile. Faites revenir les épices 30 secondes. Saupoudrez légèrement les morceaux de viande avec de la farine, secouez l'excédent et faites rissoler de tous les côtés dans le mélange d'épices.

Transférez la viande dans un plat allant au four (avec couvercle). Glissez les abricots et les figues entre les morceaux de viande, ajoutez l'anis étoilé. Versez l'eau dans la poêle pour récupérer toutes les épices, ajoutez le sel et versez le liquide sur l'agneau. Couvrez et faites cuire au four à 160 °C (325 °F) jusqu'à ce que la viande soit cuite, de 1 heure à 1 heure 15.

Transférez les morceaux d'agneau et les fruits dans le plat de service. Gardez au chaud. Faites réduire la sauce à feu vif. Pour rehausser sa couleur, vous pouvez ajouter une pincée de safran ou de curcuma. Rectifiez l'assaisonnement et versez sur l'agneau. Servez avec du riz, parfumé au jasmin de préférence.

BŒUF À LA PROVENÇALE

6 portions

N'oubliez pas le zeste d'orange. Il fait toute la différence. Cette daube est idéale pour la congélation.

2	oignons émincés	2
1	bouquet garni	1
1	orange (zeste seulement)	1
1,5 kg	de bœuf en cubes	3 lb
500 ml	de vin blanc	2 tasses
	huile d'olive	
2	carottes coupées en tronçons	2
500 ml	de champignons en quartiers	2 tasses
4	tomates pelées et hachées grossièrement	4
250 ml	d'olives noires	1 tasse
	sel, poivre	

Dans un grand plat allant au four (en terre cuite, en céramique ou en verre mais pas en métal), combinez les oignons, le bouquet garni, le zeste d'orange et le bœuf. Versez le vin dessus, arrosez d'un filet d'huile d'olive, couvrez et laissez mariner au réfrigérateur toute la nuit (au minimum 6 heures).

Préchauffez le four à 180 °C (350 °F).

Déposez les légumes sur la viande, salez, poivrez, couvrez et faites cuire 2 heures.

Servez avec des pâtes fraîches arrosées d'un filet d'huile d'olive et saupoudrées de parmesan.

VOL-AU-VENT DE LAPIN

4 portions

Cette recette convient aussi bien au poulet.

3	cuisses de lapin ou 1 râble (environ 500 g/1 lb)	3
75 ml	d'huile	5 c. à soupe
2 ml	de fines herbes séchées	1/2 c. à thé
1	oignon émincé	1
1	branche de céleri hachée	1
250 ml	de vin blanc sec	1 tasse
250 ml	d'eau	1 tasse
500 ml	de champignons en quartiers	2 tasses
	sel, poivre	
15 ml	de beurre	1 c. à soupe
15 ml	de farine	1 c. à soupe
4	vol-au-vent	4

Désossez la viande et coupez-la en dés. Mélangez avec 15 ml (1 c. à soupe) d'huile d'olive et les fines herbes séchées. Laisser macérer 1 heure.

Dans une grande poêle, faites chauffer 30 ml (2 c. à soupe) d'huile et faites revenir l'oignon à feu moyen jusqu'à ce qu'il soit transparent, environ 2 minutes. Ajoutez le céleri, le vin et l'eau. Portez à ébullition puis faites cuire à feu vif et à découvert, jusqu'à ce que le liquide soit réduit de moitié, environ 5 minutes. Transférez dans un bol et réservez.

Faites chauffer le reste de l'huile dans la poêle et faites revenir les champignons à feu vif jusqu'à ce qu'ils soient dorés. Réservez.

Faites dorer la viande à feu vif, 2 minutes. Remettez les autres ingrédients réservés dans la poêle, salez, poivrez, couvrez et laissez mijoter 20 minutes, jusqu'à ce que le lapin soit cuit.

Préparez un beurre manié en combinant le beurre et la farine. Incorporez la pâte obtenue au liquide de cuisson en remuant et faites épaissir la sauce à feu moyen sans faire bouillir.

Réchauffez les vol-au-vent (ou faites-les cuire s'ils sont congelés). Remplissez avec la préparation et servez avec un légume vert et une purée de carottes ou de navets.

PAINS

Petits pains à l'avoine, page 140

PÂTE À PIZZA

Pour donner plus de goût à la pâte, j'incorpore des fines herbes. Une bonne cuillerée d'origan, de marjolaine, de basilic ou de romarin suffit si les herbes sont séchées. Doublez la quantité si elles sont fraîches.

30 ml	de levure active	2 c. à soupe
5 ml	de sucre	1 c. à thé
250 ml	d'eau tiède	1 tasse
1,5 à 1,75 l	de farine	6 à 7 tasses
125 ml	d'huile d'olive	1/2 tasse
15 ml	de sel	1 c. à soupe
	fines herbes	
125 ml	d'eau tiède, et plus	1/2 tasse

Combinez la levure, le sucre et l'eau. Laissez reposer jusqu'à ce que le mélange soit mousseux et la levure complètement dissoute.

Combinez 500 ml (2 tasses) de farine avec l'huile et le sel (et des fines herbes si vous le souhaitez). Ajoutez la levure et mélangez bien. Ajoutez le reste de la farine en alternant avec l'eau tiède jusqu'à l'obtention d'une pâte homogène et élastique. Pétrissez la pâte pendant 5 minutes. Si vous utilisez un robot culinaire, pétrissez 3 minutes avec les lames en plastique.

Versez un peu d'huile dans un grand bol, faites-y tourner la pâte pour huiler tous les côtés et laissez lever jusqu'au double du volume*. Abaissez la pâte avec le poing. Elle est maintenant prête à être employée.

Cette recette donne 3 grandes pizzas ou 2 focaccias, 2 pains aux olives ou 16 petits pains. Généralement, j'utilise la moitié de la pâte pour faire une pizza jumbo. Pendant qu'elle cuit au four à 200 °C (400 °F), je prépare des pains aux fines herbes avec le reste de la pâte. Lorsque la pizza est cuite, les petits pains sont prêts à être enfournés.

Focaccia à la pâte de tomate et basilic, page 136;
bûche au jambon et à l'oignon, page 137

FOCACCIA À LA PÂTE DE TOMATE ET BASILIC

4 à 6 portions

1/2	recette de pâte à pizza (page 134)	1/2
125 ml	de pâte de tomate et basilic (page 30)	1/2 tasse
30 ml	d'huile d'olive	2 c. à soupe
15 ml	de fines herbes séchées	1 c. à soupe
	sel en cristaux	

Abaissez la pâte pour faire un rectangle de 30 x 50 cm (12 x 20 po) environ. Étalez la moitié de la pâte de tomate et basilic, pliez en deux et étalez le reste de la pâte. Pliez à nouveau. Badigeonnez le dessus d'huile, parsemez les fines herbes et le sel. Laissez lever 30 minutes.

Préchauffez le four à 200 °C (400 °F)*. Faites cuire 5 minutes, puis réduisez la température à 190 °C (375 °F) et poursuivez la cuisson pendant 25 minutes.

* Truc : vaporisez un peu d'eau dans le four lorsque vous enfournez. La vapeur aide la pâte à lever.

BÛCHE AU JAMBON ET À L'OIGNON

4 à 6 portions

1	oignon émincé	1
30 ml	d'huile	2 c. à soupe
250 ml	de jambon en cubes	1 tasse
1/2	recette de pâte à pizza (page 134)	1/2

Dans une poêle, faites revenir l'oignon dans l'huile et à feu moyen pendant 2 minutes. Ajoutez le jambon et faites revenir 5 minutes en remuant.

Abaissez la pâte à 1 cm (1/2 po) d'épaisseur. Étalez le mélange d'oignon et de jambon et roulez. Placez la bûche sur une plaque à biscuits huilée et laissez lever 30 minutes. Faites cuire comme la focaccia.

Variantes:

- *Vous pouvez ajouter du fromage râpé (mozzarella, gruyère, cheddar...) à la garniture ou remplacer le jambon par des champignons pour une bûche végétarienne.*
- *Vous pouvez également trancher la bûche en six et faire cuire ces «brioches» salées sur une plaque à biscuits huilée.*

PISSALADIÈRE

Cette variante de la pizza italienne est une spécialité de Nice, ma ville natale.

250 ml	d'huile d'olive	1 tasse
10	gros oignons émincés	10
	sel, poivre	
1/2	recette de pâte à pizza (page 134)	1/2
12	olives noires et plus	12
6	anchois (facultatif)	6
	fines herbes (thym, romarin, marjolaine)	

Dans un grand faitout à fond épais, faites chauffer l'huile et faites revenir les oignons à feu moyen, en remuant fréquemment, jusqu'à ce qu'ils soient dorés, environ 20 minutes. Salez* et poivrez.

Préchauffez le four à 200 °C (400 °F).

Abaissez la pâte à pizza sur une épaisseur de 1 cm (1/2 po). Étalez les oignons dessus, garnissez avec les olives et les anchois, parsemez de fines herbes et faites cuire au four 10 minutes. Baissez la température à 190 °C (375 °F) et poursuivez la cuisson pendant 20 minutes ou jusqu'à ce que la pâte soit dorée et croustillante.

* **Les oignons devenant très sucrés à la cuisson, vous aurez besoin de plus de sel que vous le pensez.**

PETITS PAINS À L'AVOINE

12 petits pains

Moelleux et légèrement sucrés, ces petits pains accompagnent aussi bien le fromage que la confiture.

500 ml	d'eau bouillante	2 tasses
250 ml	de flocons d'avoine à cuisson rapide	1 tasse
60 ml	de mélasse ou de sirop d'érable	1/4 tasse
30 ml	de beurre	2 c. à soupe
7,5 ml	de sel	1 1/2 c. à thé
5 ml	de sucre	1 c. à thé
60 ml	d'eau tiède	1/4 tasse
15 ml	de levure active (1 sachet)	1 c. à soupe
500 ml	de farine tout usage, et plus	2 tasses
500 ml	de farine de blé entier	2 tasses

Dans un grand bol, mélangez l'eau bouillante, les flocons d'avoine, la mélasse, le beurre et le sel. Laissez tiédir.

Dans un petit bol, combinez le sucre, l'eau tiède et la levure. Laissez reposer 10 minutes jusqu'à ce que le mélange soit mousseux. Ajoutez la levure, la moitié de la farine tout usage et la moitié de la farine de blé entier au mélange de flocons d'avoine et battez avec une cuillère en bois jusqu'à ce que la préparation soit lisse, environ 3 minutes. Ajoutez graduellement le reste de la farine en remuant.

Pétrissez sur une surface farinée jusqu'à ce que la pâte soit lisse et élastique, 5 à 8 minutes. Ajoutez plus de farine si la pâte est trop collante.

Faites tourner la pâte dans un bol huilé pour enduire toute la surface et laissez lever dans un endroit chaud pendant 1 heure ou jusqu'au double du volume.

Abaissez à nouveau et façonnez une bûche de 30 cm (12 po) de long. Coupez en 12 parts et façonnez chaque portion en une boule. Placez sur une plaque à biscuits huilée et laisser lever 30 minutes.

Préchauffez le four à 190 °C (375 °F). Faites cuire pendant 20 à 25 minutes, ou jusqu'à ce que le dessous des pains sonne creux quand on le tape. Laissez refroidir sur une grille.

ÉVENTAILS AU BABEURRE

16 éventails

500 ml	de babeurre tiède	2 tasses
15 ml	de levure active (1 sachet)	1 c. à soupe
1 l	de farine	4 tasses
10 ml	de sel	2 c. à thé
60 ml	de sucre	1/4 tasse
	huile d'olive	
	fines herbes (marjolaine, basilic, thym, persil...)	

Dans un petit bol, combinez la moitié du babeurre tiède et la levure. Laissez reposer 10 minutes ou jusqu'à ce que le mélange soit mousseux.

Dans un grand bol, mélangez 250 ml (1 tasse) de farine, le sel et le sucre. Ajoutez le mélange de levure et le reste du babeurre. Mélangez bien. Ajoutez le reste de la farine, 125 ml (1/2 tasse) à la fois, en battant avec une cuillère en bois.

Pétrissez 2 à 3 minutes sur une surface farinée. Placez la pâte dans un bol huilé, couvrez et laissez lever 1 heure.

Abaissez à nouveau, pétrissez 1 minute puis divisez la pâte en deux.

Abaissez une moitié de pâte en un rectangle de 1 cm (1/2 po) d'épaisseur. Badigeonnez d'huile d'olive, parsemez les fines herbes et coupez la pâte en 4 dans la longueur. Empilez les bandes les unes sur les autres, abaissez légèrement, coupez en deux de nouveau dans la longueur et empilez pour obtenir 8 couches. Coupez maintenant dans l'autre sens des morceaux de pâte de 5 cm (2 po) de longueur et placez chaque morceau debout dans des moules à muffins huilés.

Répétez ces opérations avec l'autre moitié de pâte. Faites lever du double environ 20 minutes. Badigeonnez le dessus avec de l'huile d'olive et faites cuire dans un four préchauffé à 200 °C (400 °F) de 15 à 20 minutes ou jusqu'à ce que le dessus soit doré.

Variantes:
- *Étalez du pesto entre les couches ou parsemez de parmesan râpé.*
- *Pour des éventails sucrés, utilisez une pincée de sel et 125 ml (1/2 tasse) de sucre dans la pâte et étalez votre confiture ou votre gelée favorite entre les couches.*

BRIOCHE

5 ml	de sucre	1 c. à thé
125 ml	d'eau tiède	1/2 tasse
30 ml	de levure active	2 c. à soupe
2	œufs plus 1 jaune d'œuf	2 plus 1
250 ml	de babeurre tiède	1 tasse
150 ml	de beurre doux fondu	2/3 tasse
15 ml	d'extrait de vanille	1 c. à soupe
1,25 l	de farine	5 tasses
250 ml	de sucre	1 tasse
5 ml	de sel	1 c. à thé
250 ml	de raisins secs	1 tasse
125 ml	de zeste d'orange confit	1/2 tasse
	jaune d'œuf pour dorer	

Dans un petit bol, combinez le sucre, l'eau et la levure. Laissez reposer au chaud pendant 10 minutes ou jusqu'à ce que le mélange soit mousseux.

Battez ensemble les œufs, le babeurre, le beurre fondu et la vanille.

Dans un grand bol, combinez 250 ml (1 tasse) de farine avec le sucre et le sel. Ajoutez le mélange avec la levure et le mélange aux œufs en battant avec une cuillère en bois. Battez 1 minute.

Ajoutez le reste de la farine, 125 ml (1/2 tasse) à la fois, en battant. Quand la pâte commence à se détacher des bords du bol, déposez-la sur une surface farinée et pétrissez 10 minutes, jusqu'à ce qu'elle soit lisse et élastique. Si vous utilisez un robot culinaire, pétrissez seulement 3 minutes avec les lames de plastique.

Incorporez les raisins secs et le zeste d'orange confit. Pliez la pâte plusieurs fois pour bien mélanger. Placez la pâte dans un bol graissé, couvrez et laissez lever au chaud pendant 1 heure ou jusqu'au double du volume.

Abaissez la pâte, coupez-la et placez-la dans des moules graissés. Vous pouvez utiliser 1 grand moule à gâteau des anges (avec cheminée au milieu), 2 moules à brioches ou 3 moules à pain. Vous pouvez également diviser la pâte en 3 longs rubans, la tresser et la placer sur une plaque à biscuits.

Laissez lever 30 à 45 minutes ou presque du double du volume. Badigeonnez le dessus de jaune d'œuf battu avec une cuillerée d'eau et faites cuire dans un four préchauffé à 180 °C (350 °F) de 25 à 35 minutes jusqu'à ce que le dessous de la brioche sonne creux quand on le tape. Le temps de cuisson dépend de la forme et de la grandeur des moules. Laissez tiédir avant de démouler et refroidir sur une grille.

DESSERTS

Tarte aux panais, page 173

CRÈME ANGLAISE PARFUMÉE

500 ml (2 tasses)

Je parfume cette crème avec des feuilles de géranium odorant ou de verveine. À défaut, utilisez des feuilles de menthe, de basilic citron ou de l'extrait de vanille. Ajoutez toujours une pincée de sel à toute préparation sucrée, pour relever les saveurs.

500 ml	de lait	2 tasses
125 ml	de feuilles de géranium odorant ou de verveine	1/2 tasse
2	œufs	2
125 ml	de sucre	1/2 tasse
15 ml	de fécule de maïs	1 c. à soupe
	pincée de sel	
15 ml	de beurre doux	1 c. à soupe

Nettoyez les feuilles et faites-les infuser dans le lait 10 minutes à feu doux. Filtrez et jetez les feuilles.

Dans un bol, battez les œufs, le sucre, la fécule de maïs et le sel. Ajoutez environ 125 ml (1/2 tasse) de lait, mélangez bien et versez le mélange dans la casserole avec le reste du lait. Faites cuire à feu moyen, en remuant constamment avec une cuillère en bois, jusqu'à ce que la sauce épaississe, environ 5 minutes. Ajoutez le beurre et mélangez jusqu'à ce qu'il soit fondu.

Servez la sauce avec le pouding au pain (page 157) ou utilisez pour faire le gratin de petits fruits (page 151).

GRATIN DE PETITS FRUITS

J'aime faire ce dessert rapide avec des framboises congelées. Comme le temps de cuisson est très court, les fruits ne décongèlent pas entièrement et la combinaison du chaud-froid est aussi surprenante que délicieuse.

> fruits (framboises, bleuets, mûres…), 250 ml (1 tasse) par portion
> crème anglaise parfumée (page 148)
> sucre

Étalez les fruits dans de petits plats (ou ramequins) allant au four, couvrez de crème et saupoudrez de sucre. Faites dorer sous le gril du four, environ 5 minutes.

Congélation des petits fruits

Nettoyez les fruits, si nécessaire, en évitant de les laver. Étalez sur une plaque à biscuits et faites congeler. Conservez dans des contenants rigides ou dans des sacs à congélation. Les framboises et les bleuets entiers se congèlent le mieux, préservant leur texture, leur couleur et leur saveur, alors que les fraises entières deviennent grisâtres et molles à la décongélation. Congelez plutôt les fraises en tranches, superposées avec des couches de sucre, dans des contenants rigides ou préparez un coulis en réduisant les fraises en purée, au robot ou au mélangeur, avec du sucre selon votre goût. Congelez dans des contenants.

CLAFOUTIS AU CHOCOLAT ET AUX FRAMBOISES

6 à 8 portions

Le clafoutis est un dessert rustique du Limousin, traditionnellement préparé avec des cerises noires. Je préfère utiliser des framboises, car j'en ai beaucoup dans mon jardin, mais vous pouvez aussi utiliser de gros bleuets ou d'autres petits fruits.

	sucre	
750 ml	de framboises fraîches (assez pour couvrir le fond du plat)	3 tasses
125 ml	de farine	1/2 tasse
5 ml	de poudre à pâte	1 c. à thé
5 ml	de bicarbonate de soude	1 c. à thé
60 ml	de cacao en poudre	1/4 tasse
	pincée de sel	
2	œufs, jaunes et blancs séparés	2
60 ml	de beurre	1/4 tasse
125 ml	de sucre	1/2 tasse
2	carrés de chocolat mi-sucré	2
60 ml	de babeurre ou de crème à 15 %	1/4 tasse

Beurrez un plat (20 x 30 cm/8 x 12 po) allant au four, saupoudrez le fond de sucre et étalez les fruits.

Combinez les ingrédients secs et réservez. Battez les jaunes d'œufs, le beurre et le sucre jusqu'à ce que le mélange soit pâle et crémeux. Faites fondre le chocolat au micro-ondes ou dans un bol au bain-marie et ajoutez à la préparation d'œufs et de beurre.

Ajoutez les ingrédients secs en alternant avec le babeurre et en battant.

Battez les blancs d'œufs jusqu'à ce qu'ils forment des pics mous et incorporez délicatement au mélange précédent.

Versez la préparation sur les fruits, égalisez le dessus avec une spatule et faites cuire dans un four préchauffé à 190 °C (375 °F) pendant 40 à 45 minutes, jusqu'à ce que le centre soit ferme au toucher.

Servez tiède ou froid avec de la crème champêtre ou la crème anglaise parfumée (page 148).

POMMES AU VIN

Ces pommes sont encore meilleures le jour suivant, réchauffées quelques minutes au micro-ondes.

6 à 10	pommes à cuire	6 à 10
	beurre doux	
	noix hachées en mélange (amandes, noix de cajou, pacanes, noisettes...) au choix	
	cassonade	
	cannelle	
250 ml	de vin rouge	1 tasse
125 ml	d'eau	1/2 tasse

Préchauffez le four à 190 °C (375 °F).

Utilisez le nombre de pommes que peut contenir votre plat. Lavez et ôtez le cœur. Placez un petit morceau de beurre de la grosseur d'une cerise dans le fond de chaque trou, remplissez de noix hachées, couvrez d'une cuillerée de cassonade et saupoudrez de cannelle.

Versez le vin et l'eau dans le plat et faites cuire 30 minutes.

Servez tiède avec la crème anglaise (page 148) ou le liquide de cuisson au vin.

POUDING AU PAIN ET AUX POMMES

4 à 6 portions

250 ml	de sucre	1 tasse
30 ml	d'eau	2 c. à soupe
15 ml	de jus de citron	1 c. à soupe
3	œufs	3
500 ml	de lait tiède	2 tasses
6	tranches de pain en cubes	6
2	pommes pelées hachées grossièrement	2
5 ml	d'extrait de vanille	1 c. à thé
125 ml	de sirop d'érable	1/2 tasse

Dans une petite casserole à fond épais, combinez le sucre, l'eau et le jus de citron. Faites cuire à feu moyen, sans remuer, jusqu'à ce que le mélange forme un sirop doré, de 8 à 10 minutes. Versez le caramel dans un moule à soufflé de 18 cm (7 po) de diamètre. Inclinez le moule en tous sens pour répartir le caramel dans le fond et sur les bords.

Vous pouvez également préparer le caramel au micro-ondes, directement dans le plat à cuisson s'il est en céramique ou en verre. Combinez les ingrédients et faites cuire 5 à 7 minutes à maximum jusqu'à ce que le caramel soit doré.

Dans un grand bol, battez les œufs, ajoutez le lait tiède et le pain. Laissez reposer quelques minutes pour ramollir le pain. Ajoutez les pommes, la vanille et le sirop d'érable. Mélangez puis versez dans le moule et faites cuire dans un four préchauffé à 190 °C (375 °F), 35 minutes.

Laissez refroidir sur une grille avant de démouler. Servez tiède ou froid avec la crème anglaise (page 148).

TARTE AUX POMMES EXPRESS – 1

4 portions

Comme cette tarte est meilleure tiède, préparez la croûte et faites cuire les pommes à l'avance. Après le plat principal – pendant que vos invités se relaxent ou dégustent de fins fromages – assemblez et faites cuire la tarte.

3	feuilles de pâte filo	3
60 ml	de beurre fondu	1/4 tasse
60 ml	de sucre	1/4 tasse
60 ml	d'amandes ou de noisettes en poudre	1/4 tasse

Garniture

30 ml	de beurre	2 c. à soupe
4	pommes à cuisson pelées en cubes	4
60 ml	de cassonade	1/4 tasse
60 ml	d'amandes effilées	1/4 tasse

Étalez une feuille de pâte filo sur la surface de travail, badigeonnez de beurre fondu et saupoudrez avec la moitié du sucre et des noix en poudre. Étalez une deuxième feuille sur la première et saupoudrez avec le reste du sucre et des amandes. Placez la dernière feuille dessus et transférez délicatement dans un plat à tarte en laissant une partie de la pâte pendre à l'extérieur.

Pour faire la garniture, faites fondre le beurre dans une poêle et faites revenir les pommes à feu moyen jusqu'à ce qu'elles soient tendres. Versez dans le moule, saupoudrez de cassonade et d'amandes effilées. Repliez l'excédent de pâte sur la garniture sans la couvrir entièrement. Faites cuire 15 minutes au four préchauffé à 190 °C (375 °F), jusqu'à ce que la pâte soit dorée. Servez tiède.

TARTE AUX POMMES EXPRESS – 2

6 à 8 portions

1	paquet de pâte feuilletée du commerce (397 g/14 oz)	1
8	pommes à cuisson pelées en tranches minces	8
60 ml	de beurre doux	1/4 tasse
250 ml	de sucre	1 tasse
	sucre à glacer	

Préchauffez le four à 180 °C (350 °F).

Étalez la pâte en 2 carrés de 30 cm (12 po) de côté (ou des cercles de même diamètre). Disposez les tranches de pommes dessus. Parsemez de petits morceaux de beurre et saupoudrez de sucre. Disposez sur une plaque à biscuits, faites cuire 30 minutes puis faites dorer quelques minutes sous le gril. Saupoudrez de sucre à glacer, si vous le souhaitez. Servez tiède ou froid.

GÂTEAU RUSTIQUE

4 à 6 portions

En automne, lorsque les pommes sont abondantes, je prépare plusieurs fournées de ce gâteau tendre et moelleux que je congèle, enveloppées dans une pellicule plastique puis glissées dans un sac.

500 ml	de farine	2 tasses
20 ml	de poudre à pâte	4 c. à thé
7,5 ml	de bicarbonate de soude	1 1/2 c. thé
15 ml	de cannelle	1 c. à soupe
5 ml	de sel	1 c. à thé
2	œufs	2
125 ml	d'huile à cuisson	1/2 tasse
125 ml	de jus de pomme	1/2 tasse
60 ml	de miel	1/4 tasse
250 ml	de cassonade tassée	1 tasse
3	pommes pelées râpées grossièrement	3
375 ml	de dattes hachées grossièrement	1 1/2 tasse
250 ml	de pacanes hachées grossièrement	1 tasse

Graissez un moule à cheminée. Préchauffez le four à 190 °C (375 °F).

Combinez les ingrédients secs. Battez les œufs jusqu'à ce qu'ils soient pâles et mousseux, ajoutez l'huile lentement tout en battant (comme pour une mayonnaise).

Ajoutez le jus de pomme, le miel, la cassonade et les pommes. Mélangez bien.

Incorporez progressivement les ingrédients secs en battant avec une cuillère en bois.

Ajoutez les dattes et les pacanes. Mélangez bien.

Versez la pâte dans le moule et faites cuire jusqu'à ce qu'une lame insérée au milieu en ressorte propre, environ 50 minutes. Laissez refroidir avant de démouler.

CRÊPES

Lorsque je fais des crêpes, j'en prépare toujours en supplément, car elles se congèlent bien. Farcies de jambon, d'épinards, de champignons, de fromage, et cuites au four dans une béchamel légère, elles font un repas rapide et nutritif. Avec des fruits, de la compote de pommes ou de la ricotta, elles se transforment en délicieux dessert.

4	œufs	4
15 ml	d'huile	1 c. à soupe
	pincée de sel	
500 ml	de lait	2 tasses
375 ml	de farine	1 1/2 tasse
	huile pour la cuisson	

Pour des crêpes sucrées, ajoutez

15 ml	d'extrait de vanille	1 c. à soupe
30 ml	de sucre	2 c. à soupe

Dans un grand bol, battez les œufs, l'huile, le sel et 125 ml (1/2 tasse) de lait (pour les crêpes sucrées, ajoutez la vanille et le sucre). Incorporez la farine en alternant avec le reste du lait. Laissez reposer 2 heures au réfrigérateur.

La pâte devrait couvrir le dos d'une cuillère. Si elle est trop épaisse, ajoutez un peu d'eau ou de lait. Versez un peu de pâte dans une poêle chaude et légèrement huilée et penchez la poêle pour couvrir toute la surface. Faites dorer d'un côté puis de l'autre à feu moyen. Laissez refroidir avant de congeler en paquets de 6 ou 8 crêpes, enveloppées dans une pellicule plastique. Décongelez au réfrigérateur ou à la température ambiante.

CRÊPES AUX NECTARINES

4 portions

Ce dessert se prépare en quelques minutes avec des crêpes décongelées et une garniture préparée à l'avance. Il vous suffit alors de réchauffer les crêpes farcies quelques secondes au micro-ondes.

15 ml	de beurre	1 c. à soupe
4 à 5	nectarines (ou prunes, pêches, abricots)	4 à 5
15 ml	de miel	1 c. à soupe
5 ml	d'extrait d'amandes	1 c. à thé
60 ml	de cassonade	1/4 tasse
4	crêpes (page 165)	4
	crème sure	

Faites fondre le beurre dans une casserole à fond épais et faites cuire les nectarines 5 minutes à feu moyen. Ajoutez le miel, l'extrait d'amandes et la cassonade. Faites cuire 2 minutes en remuant.

Placez le quart de la préparation dans une crêpe, pliez en éventail ou roulez et placez sur l'assiette de service. Répétez avec le reste des crêpes.

Servez avec une cuillerée de crème sure.

GRATIN DE PATATES DOUCES

6 à 8 portions

Ce gratin moelleux est une des délicieuses surprises de la cuisine sud-américaine. Servez-le tiède ou froid.

2	œufs	2
60 ml	de beurre fondu	1/4 tasse
500 ml	de babeurre ou de crème 15 %	2 tasses
250 ml	de sucre	1 tasse
1 l	de patates douces crues, râpées grossièrement (3 patates moyennes)	4 tasses
1	orange (zeste seulement)	1

Dans un grand bol, battez les œufs avec le beurre. Ajoutez les autres ingrédients et mélangez soigneusement. Versez dans un plat peu profond, de préférence en céramique ou en verre, beurré.

Faites cuire au four à 180 °C (350 °F) pendant 75 à 90 minutes, jusqu'à ce que le dessus soit ferme et doré.

Laisser reposer 20 minutes avant de servir.

PÂTE À TARTE (pâte brisée)

3 fonds de tarte

Pour une pâte légère et croustillante, utilisez du beurre froid et manipulez la pâte le moins possible.

1 l	de farine	4 tasses
5 ml	de sel	1 c. à thé
150 ml	de beurre doux	2/3 tasse
150 ml	de graisse végétale	2/3 tasse
1	œuf	1
15 ml	de vinaigre blanc	1 c. à soupe
60 ml	d'eau glacée, et plus	1/4 tasse

Combinez la farine et le sel. Incorporez le beurre et la graisse végétale jusqu'à ce que le mélange ressemble à de la chapelure. Si vous utilisez un robot culinaire, procédez par intermittence. Ajoutez l'œuf et le vinaigre puis incorporez l'eau progressivement jusqu'à ce que la pâte forme une boule. Réfrigérez 1 heure avant d'abaisser la pâte et d'en garnir les plats.

TARTE AUX PANAIS

4 à 6 portions

Ceci est la version moderne d'une très ancienne recette anglaise, datant du Moyen Âge.

750 ml	de panais pelés et hachés grossièrement	3 tasses
60 ml	de miel	1/4 tasse
5 ml	de gingembre moulu	1 c. à thé
2 ml	de cannelle	1/2 c. à thé
2 ml	de noix muscade râpée	1/2 c. à thé
2	jaunes d'œufs plus 1 jaune d'œuf	2 plus 1
1	citron (jus et zeste)	1
	pincée de sel	
1	fond de tarte	1

Faites cuire les panais dans de l'eau bouillante ou à la vapeur s'ils sont jeunes jusqu'à ce qu'ils soient cuits. Égouttez et réduisez en purée. Combinez avec le reste des ingrédients et mélangez bien. Versez la préparation dans le fond de tarte. Vous pouvez décorer le dessus avec des bandes de pâte pour former des croisillons. Badigeonnez alors le dessus de jaune d'œuf battu avec une cuillerée d'eau.

Faites cuire au four à 200 °C (400 °F) pendant 30 à 35 minutes, jusqu'à ce que la garniture soit ferme au toucher.

GÂTEAU À LA COURGE

6 à 8 portions

J'aime ce gâteau tel quel, sans garniture, sans glaçage. Aussi, je le fais cuire dans un moule à cheminée. Mais vous pouvez également le faire cuire dans deux moules à gâteaux ronds, pour en faire un gâteau à deux étages. Le milieu pourrait être garni de crème de marrons ou de fromage ricotta additionné d'un peu de confiture, avec un glaçage au chocolat ou au fromage en crème. À vous d'innover.

150 ml	de graisse végétale	2/3 tasse
250 ml	de purée de courge (ambercup, musquée ou citrouille) cuite	1 tasse
2	œufs	2
150 ml	de sirop d'érable ou de maïs	2/3 tasse
625 ml	de farine	2 1/2 tasses
15 ml	de poudre à pâte	1 c. à soupe
5 ml	de bicarbonate de soude	1 c. à thé
2 ml	de cannelle	1/2 c. à thé
2 ml	de sel	1/2 c. à thé
125 ml	de babeurre ou de lait	1/2 tasse

Préchauffez le four à 190 °C (375 °F). Graissez un moule à cheminée ou 2 moules ronds (de 23 cm/9 po de diamètre). Réservez.

Dans un grand bol ou au robot culinaire, battez la graisse végétale et la courge. Incorporez les œufs, un à la fois, en battant. Puis ajoutez le sirop d'érable.

Combinez les ingrédients secs et incorporez-les graduellement au mélange précédent, en alternant avec le babeurre. Versez dans le moule et faites cuire 30 minutes.

Démoulez et laissez refroidir sur une grille.

GÂTEAU DE MAÏS ET DE COURGE AU SIROP D'ÉRABLE

6 à 8 portions

Toutes les courges d'hiver – musquée (butternut), potimarron (ambercup), citrouille… – peuvent servir à confectionner ce gâteau moelleux et doré.

375 ml	de purée de courge*	1 1/2 tasse
3	œufs	3
125 ml	de sucre	1/2 tasse
1	orange (zeste et jus)	1
375 ml	de farine de maïs	1 1/2 tasse
5 ml	de poudre à pâte	1 c. à thé
15 ml	d'eau de fleur d'oranger (facultatif)	1 c. à soupe

Sauce au sirop d'érable

250 ml	de crème à fouetter (28 ou 35 %)	1 tasse
125 ml	de sirop d'érable	1/2 tasse

Préchauffez le four à 190 °C (375 °F).

Avec un batteur électrique ou au robot culinaire, battez ensemble la courge, les œufs et le sucre. Ajoutez le zeste et le jus d'orange avec l'eau de fleur d'oranger, si utilisée.

Combinez les ingrédients secs et ajoutez-les au mélange précédent en battant.

* Pour faire cuire la courge, pelez et coupez la chair en gros cubes. Faites cuire 15 minutes à la vapeur ou 3 à 5 minutes à maximum au micro-ondes avec un peu d'eau.

Versez dans un moule graissé peu profond et faites cuire 30 minutes. Si vous utilisez un moule en verre ou en céramique, faites cuire à 180 °C (350 °F) et vérifiez fréquemment que les bords ne brûlent pas.

Pendant que le gâteau cuit, faites la sauce. Dans une petite casserole, combinez la crème et le sirop d'érable. Portez à ébullition et faites réduire à feu vif jusqu'à ce que la sauce épaississe, environ 5 minutes. Laissez refroidir.

Découpez le gâteau en tranches épaisses et servez arrosé de sauce.

GÂTEAU AUX FRUITS

8 à 10 portions

Fleurant bon le rhum et les épices, parsemé de noix et de fruits secs, ce gâteau se congèle bien. Préparez-en plusieurs à l'avance et offrez-les à vos amis pour Noël.

250 ml	de raisins secs	1 tasse
250 ml	de dattes hachées grossièrement	1 tasse
250 ml	de figues séchées hachées grossièrement	1 tasse
125 ml	de rhum brun	1/2 tasse
250 ml	de beurre doux, ramolli	1 tasse
500 ml	de cassonade	2 tasses
4	œufs	4
250 ml	de carottes, ou de courge d'hiver, crues et râpées finement	1 tasse
750 ml	de farine	3 tasses
5 ml	de chaque épice moulue : cannelle, gingembre, piment de la Jamaïque	1 c. à thé
5 ml	de poudre à pâte	1 c. à thé
5 ml	de bicarbonate de soude	1 c. à thé
2 ml	de sel	1/2 c. à thé
250 ml	de babeurre	1 tasse
250 ml	de pacanes hachées	1 tasse
250 ml	de noisettes, peau brune enlevée*	1 tasse
125 ml	de zeste d'agrumes confit	1/2 tasse

Combinez les raisins, les dattes, les figues et le rhum dans un petit bol et réservez.
Avec un batteur électrique ou au robot culinaire, battez le beurre et le sucre jusqu'à ce
que le mélange soit pâle et crémeux. Incorporez les œufs, un à un, puis les carottes
râpées, en battant vigoureusement entre chaque addition.

Combinez la farine avec les épices, la poudre à pâte, le bicarbonate de soude et le sel.

Incorporez les ingrédients secs au mélange précédent, en alternant avec le babeurre.

Ajoutez les fruits secs avec le rhum, les noix et le zeste d'agrumes. Mélangez bien.

Versez la pâte dans le moule à cheminée graissé et faites cuire dans un four préchauffé à 160 °C (325 °F) jusqu'à ce qu'une lame insérée au milieu ressorte propre, environ 1 heure. Laissez refroidir 10 minutes sur une grille avant de démouler.

* **Pour retirer la peau brune des noisettes, étalez-les sur une plaque à biscuits et faites cuire 8 à 10 minutes au four à 150 °C (300 °F). Placez les noisettes dans un linge propre, fermez et frottez entre vos mains.**

SCONES ÉCOSSAIS

8 scones

Ces douceurs moelleuses sont prêtes en moins de 30 minutes.

375 ml	de farine	1 1/2 tasse
125 ml	de flocons d'avoine à cuisson rapide	1/2 tasse
80 ml	de sucre	1/3 tasse
15 ml	de poudre à pâte	1 c. à soupe
	pincée de sel	
80 ml	de babeurre	1/3 tasse
80 ml	de beurre fondu	1/3 tasse
1	gros œuf	1
125 ml	de raisins secs ou de canneberges séchées	1/2 tasse
15 ml	de sucre	1 c. à soupe
	pincée de cannelle	

Préchauffez le four à 190 °C (375 °F).

Dans un grand bol, combinez la farine, les flocons d'avoine, le sucre, la poudre à pâte et le sel.

Battez ensemble le babeurre, le beurre et l'œuf. Ajoutez aux ingrédients secs et mélangez. Ajoutez les raisins secs ou les canneberges. Ne travaillez pas trop la pâte et n'utilisez pas de robot culinaire, ce qui rendrait les scones durs.

Avec les mains farinées, formez une boule et placez celle-ci sur une plaque à biscuits couverte de papier parchemin. Pressez la pâte délicatement avec la paume de la main pour former un disque de 25 cm (10 po) de diamètre.

Dans un petit bol, combinez le sucre et la cannelle. Saupoudrez-en le scone. Avec un couteau fariné, coupez la pâte en 8 pointes et séparez-les légèrement.

Faites cuire 16 à 18 minutes, jusqu'à ce que le dessus soit doré. Servez tiède.

Index

P